Oslo

Michael Möbius · Annette Ster

Diese Symbole im Buch verweisen auf den großen Cityplan!

DUMONT
direkt

Velkommen

15 x Oslo direkt erleben

Zu Gast in Oslo

Velkommen
Unser heimliches Wahrzeichen

An der Vigeland-Anlage in Oslos grüner Lunge, dem Frogner-Park, kommt man nicht vorbei. Geburtsstätte dieses größten je von einem einzigen Künstler geschaffenen Skulpturenparks auf Erden ist der 1924 ausgeführte Monumentalbrunnen »Fontenen«. Er ist flankiert von insgesamt 20 Baumgruppen, unter deren Kronen sich das gesamte Dasein der Menschheit zwischen Geburt und Tod entfaltet. So steht die ›Fontäne‹ als Sinnbild für den Zyklus des Lebens. Für den sensiblen Betrachter kann ein Besuch dieses Skulpturiums geradezu einer Offenbarung gleichkommen.

Erste Orientierung

Überblick

Seinem rund 1000-jährigen Bestehen zum Trotz sucht man in Oslo einen mittelalterlichen Stadtkern vergebens, denn viele Male fraß sich das Feuer durch Gamle Oslo, die aus Holz erbaute Keimzelle der Stadt zu Füßen des Ekebergs. Dieses ›Alt-Oslo‹ grenzt östlich an das jetzige Stadtzentrum an, das sich ans Nordufer des Oslofjords anschmiegt und sich, grob gesagt, im Dreieck zwischen Hauptbahnhof, Schloss und der Festung Akershus erstreckt. In diesem Bereich und seiner unmittelbaren Peripherie finden sich in einem Umkreis, den man problemlos zu Fuß bewältigen kann, nicht nur die meisten Sehenswürdigkeiten der Stadt, sondern auch herausragende Hotels und Restaurants nebst Shopping-, Entertainment- und Nightlife-Adressen.

Die Karl Johans gate ▶ G–J 3–4

Kernstück des inneren Zentrums und Schlagader der Stadt ist die prachtvolle Flaniermeile Karl Johans gate, die als Prunkboulevard erbaut wurde und in gerader, knapp 2 km langer Linie vom **Hauptbahnhof** zum **Schloss** führt. Majestätisch ihr Name und majestätisch auch das Gepräge dieser an edlen Shoppingadressen, Luxushotels und Spitzenrestaurants reichen Prachtstraße Oslos, die von einigen der prestigeträchtigsten Bauwerke der Stadt gesäumt wird, u.a. von **Dom, Parlamentsgebäude** und **Grand Hotel.**

Die Straße führt weiter, vorbei an mehreren Parkanlagen, bis zum Schloss. Aber zuvor sollte man nicht versäumen, der abzweigenden Universitetsgate zu folgen, zur **Nationalgalerie** und zum **Historischen Museum,** das in einem der schönsten Jugendstilbauten der Stadt untergebracht ist.

Seit der Stadtteilreform vom 1. Januar 2004 hat Oslo nicht mehr 27 **Stadtviertel,** sondern nur noch 17 Bydeler. In der Faltkarte dieses Buches sind die relevanten offiziellen Stadtteile allesamt verzeichnet, aber auch die gewachsenen Namen (in einer kleineren Schrifttype) sind aufgeführt, da sie teilweise noch einen höheren Bekanntheitsgrad haben. Für den Besucher sind eigentlich nur **Sentrum** (mit Aker Brygge), **Frogner** (mit Bygdøy) und **Grünerløkka** sowie die **Marka** interessant.

Die Front zum Oslofjord

▶ G–K 4–5

Nach der Karl Johans gate sollte man sich der ›Schokoladenseite‹ Oslos zuwenden, der Front zum Oslofjord, wohin es vom Schloss aus via Nationaltheater und der Olav Vs. gate nur ein Katzensprung ist. Geprägt wird diese als **Pipervika** bekannte Uferzone von zwei Polen: Setzt im Osten der ›Kulturleuchtturm‹ der neuen **Opera** futuristische Architekturakzente, so ragen im Westen die postmodern schimmernden Glastürme der im Stil der Londoner Docklands ausgestatteten **Aker Brygge** auf. Zwischen beiden Antipoden hat die 800 Jahre alte **Festung Akershus** ihren Platz, die auch das **Rathaus** sowie das vis-à-vis gelegene und weltweit einzigartige **Nobel-Friedenszentrum** im Blick hat.

Oslos Schokoladenseite präsentiert sich am schönsten im milden Abendlicht: Aker Brygge

Das Westendviertel Frogner

► A–G 1–8

Nur rund 2 km sind es von der Pipervika auf die von Badestränden umgebene und geradezu ländlich schöne Halbinsel **Bygdøy,** auf der einige der bedeutendsten Museen des Landes ihren Sitz haben. Minutenschnell gelangt man mit dem Fährboot oder Bus hinüber. Die ›Museumsinsel‹ gehört zum Stadtteil Frogner, weltberühmt durch den Skulpturenpark der **Vigeland-Anlage,** die wegen ihrer sprichwörtlichen Monumentalität sowie auch Symbolik weltweit kein Gegenstück kennt.

Im Osten Grünerløkka

► K–M 1–3

Unbestrittenes Top-Highlight der Stadt ist das im Osten gelegene **Munch-Museum,** das Norwegens berühmtestem Maler gewidmet ist. Es liegt an der Grenze zwischen Zentrum und Grünerløkka, das als das ›Greenwich Village‹ von Oslo gilt und das angesagteste Viertel überhaupt ist. Hier sind sie zu finden, die coolsten Restaurants, Cafés und Kneipen des Königreiches, und auch in Sachen Shopping präsentiert sich dieses Künstlerviertel als das vielleicht interessanteste der Stadt. Dutzende Läden von Mode- und Schmuckdesignern laden ein, während ein Gang entlang der **Akerselva,** Oslos größtem Fluss, aus dem Großstadttreiben hinaus ins Reich der Natur führt, von der Oslo auf allen Seiten umgeben ist.

Die Marka ► Karte 4

Dort ist es, wo noch ›ewig die Wälder singen‹ und nicht weniger als 343 Seen zum Baden einladen. Wanderwege und Langlaufloipen erschließen das Marka genannte ›Stadtviertel‹, das bis über 600 m hoch aufragt und seit dem Jahr 2010 von der funkelnagelneuen Skisprungschanze **Holmenkollen** gekrönt ist. Also nichts wie rein in die Wanderschuhe, Badesachen nicht vergessen, und ab in die U-Bahn, die innerhalb von 32 Minuten hinaufsteigt auf das Dach der Stadt.

Schlaglichter und Impressionen

Im geografischen Zentrum rauschen die Wälder, vor dem Rathaus öffnet sich der Fjord, und der Badespaß beginnt mitten in der Stadt, von wo es per U-Bahn minutenschnell zu Wanderwegen und Loipen, Alpinpisten und Rodelbahnen geht – Oslo fällt als grünste Metropole Europas aus jedem gewohnten Rahmen. Diesem einzigartigen Mix aus unberührter Natur und pulsierendem Großstadtleben verdankt die norwegische Kapitale ihr spezielles Flair, dem sich kaum ein Besucher entziehen kann. Eine Stadt zum Verlieben, eine Stadt auch für Romantiker, und erst recht eine lebendige Kulturmetropole mit uralten Zeugnissen und spannenden Museen, Trendlokalen und Shoppingarkaden, Jazzkellern, Rocktempeln und einer facettenreichen Gastroszene, die Innovationsfreude mit Traditionspflege verbindet.

Frühe Ankunft mit dem Schiff

Farbe nimmt das Land nun an. Sie dringt von innen aus der Kulisse des weiten Oslofjords, aus dem kahle Schären wie Fische auf- und untertauchen. Auf manchen schlummern Wochenendhütten, rot und blau getüncht, andere, bei Flut überspült, sind das Reich der Seevögel. Das Schiff zieht das Kielwasser wie eine Schleppe hinter sich her, biegt ein in einen schmalen Sund und fährt für die letzte Stunde so dicht unter Land, dass man den Holzhäusern, die sich hier und da in weißen Gruppen zeigen, fast in die Fenster schauen kann. Zwischen Wiesenhügeln wachsen die Laubkaskaden grüner Buchen. Ver-

Europas grünste Hauptstadt ist bequem mit dem Segelboot zu erreichen

einzelt tritt der Wald bis an die Ufer, vor denen bunte Boote auf dem Wasser schaukeln.

Der Tag wird heller, der Fjord wieder breiter. Dann schlägt das Schiff, zwischen Inselchen hindurch und um Inselchen herum, einen Bogen. Plötzlich liegt sie voraus, die zum Millennium tausendjährig gewordene Stadt. Sie ist malerisch eingebettet in einen grünen Bogen bis über 600 m hoher Berge, trägt eine weithin sichtbare Skisprungschanze in der Waldkrone und ist damit unverkennbar, hat auch ohne Skyline eine markante Silhouette. Das ist Oslo, ›Uschlu‹, wie die Osloer selbst sagen.

Europas grünste Hauptstadt

Ob Oslo auch die »schönste Hauptstadt der Welt« ist, wie es manche Broschüren meinen, sei dahingestellt, doch wie dies unvergleichlich schöne Norwegen kein normales, durchschnittliches Land ist, so ist auch seine Kapitale alles andere als eine Routinehauptstadt: Mit einer Ausdehnung von 454 km² ist sie eine der größten Europas und gleichzeitig – weil zu rund 53 % mit Wald bedeckt – die grünste des Kontinents.

Genau 20 Minuten fährt die Straßenbahn von der City bis in die von rund 1200 km Wanderwegen erschlossene Wildnis, in der nicht weniger als 343 Seen zum Baden einladen. Die Küstenlinie sowie die 40 Inseln im Oslofjord zählen Dutzende Strände, die Wasserqualität ist top. Es spricht für sich, dass Angler am Hafenbecken erfolgreich die Rute aushängen und Forellen zuhauf aus der Akerselva ziehen, Oslos größtem Fluss, der noch an der Mündung so klar ist wie Glas.

Lebensqualität satt

Sogar in Downtown kann man hier, wo gut 8 km² an Parks und sonstigen Grünflächen einladen, den Puls der kraftvollen Nord-Natur fühlen und die Seele baumeln lassen, neue Energie tanken – auch dafür setzt Oslo Zeichen. Die Lebensqualität könnte höher nicht sein. Im Jahr 2009 befand die UN zum wiederholten Mal, dass Norwegen weltweit den höchsten Lebensstandard hält. Zum Vergleich: Deutschland landete auf Rang 22. Das sagt vor allem auch etwas über Oslo aus, denn die Stadt rangiert beim Lebensstandard innerhalb des Landes auf Platz eins.

Eine bessere Infrastruktur kann man sich kaum für eine Stadt wünschen. Die sozialen Standards schlagen jeden EU-Durchschnitt bei Weitem. Auch das Gesundheitswesen ist vorbildlich, Abgas- und sonstige Umweltprobleme kennt man nur aus dem Fernsehen, und das Freizeitangebot ist absolut umfassend.

In Oslo wollen dementsprechend und auch Meinungsumfragen zufolge die allermeisten erwerbstätigen Norweger am liebsten wohnen. Das hat natürlich unbedingt auch damit zu tun, dass man nirgends sonst im Königreich so gut verdient wie in der Landeshauptstadt. Mann wie auch Frau haben hier am Monatsende durchschnittlich über 25 % mehr in der Lohntüte als landesüblich. Was das bei einem mittleren Pro-Kopf-Einkommen von umgerechnet etwa 63 000 € pro Jahr bedeutet, kann sich jeder selbst ausrechnen. So gut leben wie hier kann man in keiner anderen norwegischen Stadt.

Wintermärchen und Sommertraum

Zum guten Leben gehört natürlich auch das entsprechende Wetter, das in Oslo mit einem Jahresdurchschnitt von 1691 Sonnenstunden und 763 mm Niederschlag wesentlich sonniger und trockener ist, als man aufgrund der nördlichen Lage vermuten würde. München, zum Vergleich, kommt auf 1660 Stunden bei

855 mm Niederschlag, kann im Winter ähnlich knackig kalt und im Sommer vergleichbar warm bis heiß sein. Doch Hochsommertage, die auch die Nächte mit einschließen, genießt man nur hier. Richtig dunkel wird es im Juni und Juli nämlich nicht in Oslo, dann steht die Sonne bis über 20 Stunden am Himmel.

Dann sind Fjord und Fjell oft noch nach Mitternacht in Gold und Rosa getaucht, was eine ebenso zauberhafte Atmosphäre schafft wie der Winter, wenn die Luft eisklar und die Stadt im Lichterglanz tief verschneit ist. Gerade während der Adventszeit ist Oslo ein hochromantisches Ziel. Dazu gilt die Stadt mit über 2600 km präparierten Loipen und über einem Dutzend Pisten aller Schwierigkeitsgrade bis in den März hinein als ›Winterhauptstadt Europas‹ mit dem besten Après-Ski der Welt. ›Ski-Hauptstadt der Welt‹ wird Oslo 2011, wenn hier die 48. Nordische Skiweltmeisterschaft ausgetragen wird.

Oslo ist cool

Von der Slalompiste per U-Bahn in die Disco fahren, auch das kann man wohl in keiner Metropole sonst. So sprichwörtlich sportbegeistert, wie die Osloer sind, so lebenslustig sind sie auch. Vergangen sind die Zeiten, da hier gegen zehn Uhr abends die Bürgersteige hochgeklappt wurden, denn vor 23 Uhr ist nicht mal was los. Später dann und bis in den frühen Morgen dafür umso mehr, und mit geradezu exzessiver Hingabe wird hier, wo über 1000 Lokale einladen, die Nacht gefeiert. Eine Stadt also, die nie schläft, und dies nicht nur im Sommer, wenn der Tag die Nacht beinahe mit umfasst, sondern auch im Winter, wenn die Nächte sehr schnell zum Alltag werden.

Da finden sich einige der vielleicht kultigsten Bars und angesagtesten Clubs des ganzen Nordens. Gerade die städtische Musikszene ist in den letzten Jahren regelrecht explodiert. Der Jazzszene von Oslo z. B. eilt der Ruf voran, eine der innovativsten in Europa zu sein, während die Rockszene mittlerweile sogar mit derjenigen von Berlin verglichen wird und die Dichte von Black-Metal-Bands pro Einwohner skandinavienweit angeblich nur von Bergen übertroffen wird.

Label-Lust und Gaumenfreuden

Wie man in Oslo Klänge und Sounds für jeden Geschmack findet, natürlich auch den klassischen, so mannigfaltig ist auch das Angebot auf CD und Vinyl. Dem-entsprechend gibt es nicht wenige Besucher, die eigens zum Musik-Shoppen nach Oslo reisen, wo die Karl Johans gate als Norwegens feinste Einkaufsstraße durch das Zentrum zum Schloss verläuft. Diese und andere Shoppingmeilen sind der letzte Hit bei Label-Jägern, auch wenn man als normal betuchter Tourist kaum nach Oslo reisen wird, um internationale Haute Couture zu kaufen. Doch auch norwegische Modemacher machen auf sich aufmerksam, wie überhaupt skandinavisches Design »made in Norway« zunehmend ins internationale Blickfeld gerät.

Trends werden nicht mehr einfach übernommen, sondern gemacht. Oslo ist bei aller Traditionsverbundenheit voller Innovationsfreude, was gerade auch in der Gastroszene zu spannenden Kreationen führt. Fünf Restaurants können sich hier der prestigevollen Michelinsterne rühmen, das Bagatelle trägt deren sogar zwei. Kam die moderne Gourmetküche über Frankreich, Italien und Spanien ins Land, so stammen die Zutaten aus der Speisekammer der norwegischen Natur. Das bedeutet höchste Qualität. Wer Elch oder Rentier, Wild, Lamm oder Fisch schmecken will, kann

Das gehört zum Nationalfeiertag in Norwegen dazu: Fahnen und Trachten

hier auf gastronomische Entdeckungstour gehen.

Traditionsbewusst in die Zukunft

»Spaß an der Vergangenheit und Lust auf die Zukunft«, dieser Zweiklang durchtönt ganz Oslo, wie man vielleicht nirgends besser gewahr wird als auf der Aker Brygge, wo das ehemalige Werftgelände beim Rathaus zu einem einzigartigen Wohn-, Handels- und Restaurantcenter im glas- und chromreichen Architekturstil der Postmoderne umgestaltet wurde, während die Verkehrsplaner zugleich die Hauptverkehrsadern in Tunnel verlegten.

So entstand aus einer bis dahin eher altbackenen Stadt eine plötzlich international wahrgenommene Metropole, die gerade heute wieder keinerlei Mittel und Anstrengungen scheut, die gesamte Gegend – nun auch die der anderen Hafenbuchten – komplett umzustrukturieren. In den kommenden Jahren will sich Oslo ein ganz neues Gesicht als hochkarätige und moderne Kulturmetropole geben, womit die Hauptstadt dann auch Norwegens Entwicklung vom Bauernland zum Hightech-Staat, vom Aschenputtel Europas zur reichsten oder, je nach Statistik, drittreichsten Nation der Erde widerspiegelt.

Daten und Fakten

Lage: am Nordrand des rund 100 km langen Oslofjords zwischen Meeresniveau und 629 m Höhe (Kirkeberget)
Fläche: 454 km^2, davon 242 km^2 bewaldet, 8 km^2 Parks und Sportanlagen; mit zum Stadtgebiet gehören 343 Seen sowie 40 Inseln.
Bevölkerung: ca. 587 000 (Januar 2010), Tendenz steigend (2,5 %), 25 % sind Einwanderer.
Bevölkerungsdichte: zwischen ca. 470 Einw./km^2 (Zentrum) und 10 500 Einw./km^2 (Sagene), im Durchschnitt etwa 1300 Einw./km^2; zum Vergleich: im Norwegen-Durchschnitt sind es etwa 15 Einw./km^2
Verwaltung: Stadtregierung mit parlamentarischer Verantwortung gegenüber dem Stadtparlament, das aus 59 Mitgliedern unter dem Vorsitz des Bürgermeisters besteht.
Wirtschaft: Oslo ist die wichtigste Industrie-, Handels- und Seefahrtsstadt des Landes. Zu den Hauptwirtschaftszweigen gehören u. a. das Finanz- und Energiewesen, die Biotechnologie sowie die Informations- und Kommunikationstechnologie.
Beschäftigung: Rund 350 000 Städter sind erwerbstätig, davon über 86 % im Dienstleistungssektor, Schwerpunkt öffentlicher Dienst (um 37 %). Die Einkommen liegen über 25 % höher als im Landesdurchschnitt, wofür die hohe Qualifikation überproportional vieler Beschäftigten steht. Die Arbeitslosenquote lag im Sommer 2010 bei 3,7 %.

Billigpreise im ›Teuerland‹

Apropos reich: Es ist ein hartnäckiges Vorurteil, dass eine Reise nach Oslo Löcher in die Reisekasse brennt. Gerade an den Wochenenden sowie im Sommer, wenn die allermeisten Hotels Rabatte von bis zu 40 % auf die regulären Zimmerpreise gewähren, ist die Stadt absolut erschwinglich, weshalb man hier preiswerter übernachten kann als in vielen anderen Metropolen – sogar umsonst ist's möglich. In den Genuss der Sehenswürdigkeiten kann man dank **Oslo-Pass** (s. S. 25) für'n Appel und'n Ei kommen, auch Fahrten mit dem öffentlichen Nahverkehr sind nahezu geschenkt, und dank des gastronomischen Überangebots buhlen viele Lokale zudem mit Happy Hours und moderaten Preisen um Kundschaft. So kommt es, dass man in Oslo, eine der teuersten Städte der Welt, mit Abstand das billigste Bier im Königreich bekommt.

Alkohol, rauschhaft teuer

Dennoch kann derjenige, der auf den Konsum von Alkohol verzichtet, eine Menge Geld sparen, denn schon eine Dose Bier – Verkauf und Konsum sind erst ab einem Alter von 18 Jahren gestattet – muss man mit etwa 25–35 NOK bezahlen, die Flasche Wein (0,7 l) bekommt man kaum unter 80 NOK. Harte Sachen schlagen ab etwa 300 NOK für eine 0,7 l-Flasche zu Buche, für Markenspirituosen sind durchaus auch über 450 NOK zu berappen. Zudem sind Spirituosen (Altersgrenze 20 Jahre) sowie Wein (18 Jahre) in Norwegen außer in lizenzierten Lokalen nur in den staatlichen Alkoholläden mit Namen Vinmonopolet erhältlich (Öffnungszeiten s. S. 22).

Fettnäpfchen

Am Tresen ist es üblich, sich zuzuprosten – *Skol!* –, und dort, wie überall in Stadt und Land, wird man auch als Tourist wie selbstverständlich geduzt. Das hat aber nichts mit Anmache zu tun, zieht sich das ›Du‹ als Anrede in Norwegen doch durch alle Alters- und Gesellschaftsschichten. Ein Handschlag hingegen ist nur beim erstmaligen Sich-Vorstellen üblich, und kaum jemand etwa stellt sich mit seinem eventuellen Titel vor, denn stolze Titelträger werden in Norwegen ebenso belächelt wie Angeber. In aller Regel sagt man zur Begrüßung nur *god morgen* oder *god dag* ohne Zusatz des Namens, und zum Abschied grüßt man meist mit einem schlichten *ha det*.

Beim ersten Wiedersehen mit einem Gastgeber oder Geschäftsfreund sagt man *takk for i går* (danke für gestern) bzw. *takk for sist* (danke für letztens), und letzteres ist die Begrüßung der Wahl, wenn man sich nach längerer Zeit wiedersieht. Nach einem privaten Essen (zu dem man stets pünktlich erscheinen sollte) ist es üblich, sich bei dem Gastgeber oder der Gastgeberin mit dem traditionellen *takk for mat* (Danke fürs Essen) zu bedanken.

Sprachverwirrung

Auch *takk for maten* ist üblich, eben weil im Norwegischen der bestimmte Artikel durch die Endung bestimmt wird. So heißt *mat* ›Essen‹, *maten* hingegen ›das Essen‹ (Maskulinum). Beim Femininum wird z. B. ›a‹ aus ›e‹, weshalb es mal Karl Johans gate, mal aber auch Karl Johans gata (also ›die Karl Johan-Straße‹) heißen kann. Beim Neutrum hingegen wird ein ›t‹ angehängt, und so liest man mal *teater* (›Theater‹), mal aber auch *teatret* (›das Theater‹). Warum aber auch *theater* bzw. *theatret* üblich ist, liegt an der auch in Norwegen zu beobachtenden Globalisierung, der die Anglisierung von *teater* zu ›theater‹ bzw. *teatret* zu ›theatret‹ zu verdanken ist …

Wappen und Wahrzeichen

»Unanimiter et constanter« (einig und beständig) lautet das lateinische Motto von Oslo, dessen rund 700 Jahre altes Wappen den Stadtpatron St. Hallvard auf einem Thron und mit Heiligenschein zeigt. Er gilt als Zeitgenosse des hl. Olaf (11.Jh.). Dem Heiligen zu Füßen liegt die Frau, die er vergeblich vor ihren Verfolgern zu beschützen suchte. In der linken Hand trägt er die drei Pfeile, mit denen sie niedergestreckt wurde, in der rechten den Mühlstein, der ihm von ihren Mördern um den Hals gebunden wurde, bevor sie ihn in den Fjord warfen. Doch unter ging er nicht, ein Wunder war geschehen.

Wahrzeichen-Funktion haben für die Osloer die Holmenkollen-Skisprungschanze (s. S. 67) auf dem ›Dach der Stadt‹, das Rathaus (s. S. 40) mit seinen ›Turmzähnen‹ am Oslofjord sowie die kleine Skulptur Sinnataggen (s. S. 54) in der Vigeland-Anlage, gewissermaßen das Gegenstück zur Meerjungfrau von Kopenhagen.

Stadtwappen Oslo

Geschichte, Gegenwart, Zukunft

Von den Anfängen bis zum Mittelalter

Wie Ausgrabungen erwiesen haben, trug die »feuchte Wiesenfläche unterhalb eines Höhenzuges«, was Oslo übersetzt in etwa bedeutet, bereits um etwa 1000 n. Chr. eine erste Siedlung. Diese Zeitangabe nahmen die Stadtväter zum Anlass, im Jahre 2000 das 1000-jährige Bestehen von Oslo auszurufen. Um das Jahr 1050 herum wurden Oslo von König Harald Hårdråde die Stadtrechte verliehen, und 1299 übertrug Håkon V. die Residenzfunktion von Bergen auf Oslo. Auch für die Festung Akershus wurde nun der Grundstein gelegt, und glaubt man den Berichten der Chronisten, war Oslo seinerzeit so groß wie heute der Königliche Schlosspark und zählte etwa 2500 bis 3000 Menschen. Es begann die Blütezeit der Stadt, die dann gegen Mitte des 14. Jh. jäh durch die Pest unterbrochen wurde, der mehr als die Hälfte aller Stadt- und Landbewohner zum Opfer fielen.

Die Ära der Dänen

Das durch den ›Schwarzen Tod‹ geschwächte Norwegen wurde mit König Olav VI., der über Dänemark und Norwegen herrschte, vom wirtschaftlich, militärisch und kulturell überlegenen Dänemark abhängig, das im 16. Jh. auch die Reformation gewaltsam durchsetzte. Oslos Niedergang war nicht mehr aufzuhalten und fand erst 1624 ein Ende, als der baufreudige Dänenkönig Christian IV. nach einer verheerenden Feuersbrunst beschloss, den sogenannten Mauernzwang einzuführen, d. h., dass Holz nicht mehr als Baumaterial verwendet werden durfte. Außerdem ließ er die Stadt in den Schutz der Festung Akershus verlegen. Diese Planstadt wurde aus Stein gebaut, erhielt ein schachbrettartiges Straßenmuster und einen neuen Namen: Von nun an hieß sie nach ihrem Schöpfer ›Christiania‹. Um 1700 zählte sie rund 5000 Einwohner.

Union mit Schweden

Nach dem Wirrwarr der napoleonischen Kriege wurde der Siegermacht Schweden im Vertrag zu Kiel Norwegen zugesprochen, wodurch 1814 die schwedische Zeit begann. Eine vom Volk gewählte Nationalversammlung tagte in Eidsvoll und gab Norwegen eine eigene Verfassung als selbständiges Königreich mit einem Parlament. Am 17. Mai, dem heutigen Nationalfeiertag, wurde diese Verfassung verabschiedet. Schweden akzeptierte das, und in der Folge bildeten Norwegen und Schweden eine Union formell gleichberechtigter Staaten, in der Schweden jedoch die Außenpolitik bestimmte. Christiania wurde zur Hauptstadt Norwegens erklärt, und symbolträchtige Bauwerke wie das Königliche Schloss, das Parlamentsgebäude nebst der Universität entstanden in den folgenden Jahren. Die einsetzende Industrialisierung brachte zudem bedeutende Wachstumsimpulse: Zählte die Stadt um 1855 ca. 35 000 Einwohner, so waren es im Jahre 1900 bereits nahezu 230 000.

Unabhangigkeit

Im Jahre 1905 sagte sich Norwegen von Schweden los und erklärte seine Unabhängigkeit als konstitutionelle

Erbmonarchie, auf demokratisch-parlamentarischer Basis regiert. Doch noch 20 Jahre mussten vergehen, bevor Kristiania (wie Christiania seit 1877 geschrieben wurde) wieder in Oslo zurückbenannt wurde. Am 9. April 1940 erfolgte der deutsche Angriff auf Norwegen. Land und Stadt blieben bis 1945 besetzt, und nach dem Zweiten Weltkrieg wuchs Oslo, seit 1948 mit Aker vereint und jetzt 454 km^2 groß, konstant. 1952, Oslo war nun Austragungsort der Olympischen Winterspiele, wurden bereits gut 440 000 Einwohner gezählt. Erst in den 1960er-Jahren ließ das starke Bevölkerungswachstum nach, dennoch verzeichnete die Statistik zur Millenniums- und 1000-Jahrfeier rund 507 000 Einwohner.

Die Fjordstadt

›Fjordbyen‹ (Fjordstadt) ist die offizielle Bezeichnung für ein im Jahre 2003 begonnenes Großprojekt: Die gesamte Hafengegend von Oslo soll für eine, wie es heißt, zukunftsorientierte Entwicklung vollständig umstrukturiert und in die Stadt integriert werden. Mit Milliardenaufwand entstanden und entstehen hier Wohnungen und Geschäftslokale, aber auch großzügige Freizeitanlagen, Museen und Kulturgebäude für Einwohner und Besucher der Stadt.

Wichtigster Meilenstein des Projektes war die Fertigstellung des Opernhauses im April 2008. Bis Sommer 2010 wurde dann das Gebiet rings um die Holmenkollen-Schanze umgebaut: 2011 ist Oslo nämlich Austragungsort der 48. Nordischen Skiweltmeisterschaft. Aber auch für die kommenden Jahre, in denen u. a. das Munch-Museum und die Nationalgalerie in neue Räumlichkeiten am Fjord umziehen werden, sind gewaltige Änderungen im Stadtbild vorgesehen.

Älter als Oslo: das Gokstad-Schiff, ausgestellt im Vikingskipshuset auf der Halbinsel Bygdøy

Anreise

… mit dem Flugzeug

Fliegen ist mit Abstand die günstigste und natürlich auch schnellste Möglichkeit (ca. 2 Std.), nach Oslo zu gelangen.

SAS fliegt (in Zusammenarbeit mit der Lufthansa) tgl. von zahlreichen deutschen Städten sowie u.a. von Wien, Zürich und Amsterdam aus nach Oslo. Verschiedene Tarife helfen Geld zu sparen, am billigsten ist die Onlinebuchung (www.flysas.com). Informationen und Reservierung über die SAS-Service-Rufnummern: 01805 11 70 02 (Deutschland), 01 680 55 44 66 (Österreich), 0848 11 71 00 (Schweiz), 0 54 00 (Norwegen).

Norwegian verkehrt ab etwa 70 € mehrmals wöchentl. bis tgl. auf den Strecken von München, Hamburg, Düsseldorf und Berlin nach Oslo. Man bucht online (www.norwegian.no) oder über Tel. 0047 21 49 00 15 bzw. 81 52 18 15 (innerhalb Norwegens).

Ryanair fliegt ab 15 € alles inkl. tgl. ab Frankfurt-Hahn, Düsseldorf-Weeze und Bremen nach **Oslo-Torp** (Sandefjord; Buszubringer ca. 2 Std., 180 NOK) sowie **Oslo-Rygge** (Buszubringer 1 Std., 120 NOK). Infos und Buchung über: www.ryanair.com und die Servicerufnummern 0900 116 05 00 (Deutschland), 0900 21 02 40 (Österreich), 0900 80 80 08 (Schweiz).

Oslo Gardermoen Lufthavn, Oslos internationaler Flughafen (OSL, www.osl.no), liegt rund 50 km nördlich des Zentrums. Auch wer aus dem EU-Ausland anreist, kann hier bei der Ankunft Duty Free einkaufen (Norwegen gehört ja nicht zur EU). In der Arrival Hall gibt es Bankschalter mit Geldautomaten, eine Infostelle der Touristeninformation, einen Taxischalter nebst Büros diverser Mietwagenfirmen.

In die Stadt kommt man am schnellsten mit dem Flughafenzug **Flytoget:** Der Airport-Express-Zug braucht 20 Min. zum Hauptbahnhof (www.flytoget.no, 10–20-Min.-Takt, 170 NOK). **Flybussen** (SAS Flughafenbus) ca. 1 Std. Fahrzeit bis zum Busterminalen (Busbahnhof) beim Hauptbahnhof (www.flybussen.no, alle 20 Min., 140 NOK). **Flybussekspressen** (Nor-Way Buss-ekspress) bis Sørkedalsveien im Stadtteil Majorstua (www.flybussekspressen.no, 1–2 x pro Std., 180 NOK). **Infos** über alle Transportmittel vor Ort unter Tel. 177.

Airport-Taxi (Tel. 023 23) kostet 690 NOK für 4 Personen.

Oslo wird tgl. mit **Air Berlin** von Berlin-Tegel aus angeflogen. Da man mit Air Berlin gleichzeitig Anschluss von den meisten Großstädten in Deutschland (19 Flughäfen), der Schweiz (zwei Flughäfen) sowie Österreich (sechs Flughäfen) hat, bietet diese Gesellschaft ein umfassendes Netz zu günstigen Preisen: Von Berlin zahlt man je Weg ab etwa 30 €, ab Düsseldorf 50 €, ab Zürich 60 €.
Buchen ist am billigsten online über www.airberlin.com, ansonsten über die gängigen Reisebüros und schließlich über die Servicetelefonnummern 01805 73 78 00 (Deutschland), 0820 73 78 00 (Österreich), 0848 73 78 00 (Schweiz).

… mit der Bahn

Internationale Züge fahren entweder via Hamburg, Kopenhagen, Göteborg nach Oslo oder via Berlin, Sassnitz/Rügen (Eisenbahnfähre nach Trelleborg/S), Malmö, Göteborg. Auch Nachtzüge sind im Einsatz. Mit der schnellsten Verbindung benötigt man von Hamburg aus rund 16 Std., von Zürich ca. 27 Std. und von Wien ca. 28 Std. Informationen über Angebote in allen DB-Reisezentren sowie beim DB-Reise-Service: Tel. 01805 99 66 33, www.bahn.de.

… mit dem Bus

Oslo ist von den meisten Großstädten Deutschlands, der Schweiz und Österreichs aus per Fernbus problemlos zu erreichen (z. B. von Berlin einfache Strecke ab 49 €). Es wird fast immer nachts gefahren. Hauptanbieter für Busfahrten ist die Deutsche Touring: Am Römerhof 17, 60486 Frankfurt/Main, Tel. 069 79 03 501, www.touring.de.

… mit dem Schiff

Die norwegische Fährgesellschaft Color Line unterhält mit der M/S Color Fantasy sowie der M/S Color Magic, den wahrscheinlich komfortabelsten Fährschiffen der Welt, die einzige Direktverbindung von Deutschland nach Oslo. Täglich um 14 Uhr legt jeweils ein Schiff in Kiel und in Oslo ab, Ankunft jeweils am kommenden Tag um 10 Uhr. Kabinen gibt es in vielen Komfort- und Preisstufen, auch Autos werden transportiert. Infos in Deutschland über Tel. 0431 730 03 00, www.colorline.de.

… mit dem Auto

Über die Øresund-Verbindung (www.oeresundsbron.com) zwischen Dänemark und Schweden kommt man auch ohne Fähre aus. Doch ist diese Variante weder billiger (Mautpflicht: 39 € je Pkw, 78 € je Caravan/Wohnmobil) noch schneller als die Schiffsreise. Täglich verkehren Fähren zwischen Oslo und Kiel (s. o.), aber auch ab Kopenhagen, Hirtshals und Fredrikshavn in Dänemark. Ein Preisvergleich lohnt stets, man sollte sich in einem Reisebüro beraten lassen und Angebote der Gesellschaften einholen (diverse Spartarife).

Color Line: s. o; u. a. Kiel–Oslo.

Stena Line: Tel. 01805 91 66 66, www.stenaline.de, u. a. Fredrikshavn/DK–Oslo.

TT-Line: Tel. 04502 801 80, www.ttline.de; Rostock/D – Trelleborg/S, Travemünde/D – Trelleborg/S.

Scandlines: Tel. 01805 11 66 88, www.scandlines.de; Rostock/D–Trelleborg/S, Sassnitz/Rügen/D–Trelleborg/S, Puttgarden/Fehmarn/D–Rødby/DK, günstig sind die ›Durchtickets‹ mit Fährkombination Puttgarden/D – Rødby/DK und Helsingør/DK – Helsingborg/S.

Einreisebestimmungen

Ausweispapiere: Bürger Deutschlands, der Schweiz und Österreichs benötigen einen gültigen Personalausweis bzw. Identitätskarte oder Reisepass.

Zollbestimmungen: Norwegen ist nicht Mitglied der EU, entsprechend dürfen Personen über 18 Jahre 3 l Wein (bis 22 %) und 2 l Bier einführen, über 20 Jahre statt 3 l Wein auch 1,5 l Wein und 1 l Spirituosen (bis 60 % Vol.). Tabakwaren: ab 18 Jahre 200 Zigaretten oder 250 g Tabak plus Zigarettenpapier oder 50 Zigarren.

Feiertage

1. Jan.: Neujahr (Nyttår)

Karwoche: Gründonnerstag (Skjærtorsdag) sowie Karfreitag (Langfredag) und Ostermontag (Annen påskedag)

1. Mai: Tag der Arbeit (Første Mai)

17. Mai: Nationalfeiertag (s. S. 18)

Christi Himmelfahrt (Kristi himmelfartsdag)
Pfingstmontag (Annen pinsedag)
25. und 26. Dez.: Weihnachten (Jul)

Feste und Festivals

Holmenkollen Skifestival: Mitte Feb. bis Mitte März, Holmenkollen, www.holmenkollen-worldcup.no. Beginn ist Mitte Feb. mit dem Holmenkollen-Skimarathon (42 km). Hauptveranstaltungen sind Mitte März die World-Cup-Wettbewerbe der Nordischen Kombination mit Skispringen am abschließenden Holmenkollen-Sonntag.

Oslo Kirkemusikkfestival: Mitte bis Ende März, www.oslokirkemusikkfestival.no. Internationales Kirchenmusikfestival in den Kirchen von Oslo.

Norges Nasjonaldag: 17. Mai. Der Nationalfeiertag erinnert an den 17. Mai 1814, als die norwegische Verfassung verabschiedet wurde. An diesem Tag tragen Erwachsene, Jugendliche und Kinder ihre traditionellen Trachten. Mit Abstand am buntesten und auch größten ist der Umzug in Oslo, der 10–13 Uhr die Karl Johan gate hinaufzieht und vor dem Schloss eine Runde dreht. Ab 14 Uhr erschallen laut die Lieder des Studentenchores von der Universitätstreppe, gegen 15 Uhr ist traditioneller Umzug der Abiturienten, um 16 Uhr beginnt das Festkonzert im Oslo Konserthus, und um 18.15 Uhr lädt der Brusteinsball auf den Universitätsplatz ein. Besuchenswert sind auch die Feierlichkeiten in Grünerløkka, wo seit 1983 ›17. mai for alle‹ einlädt, die größte Antirassismusveranstaltung Norwegens, mit jährlich bis zu 15 000 Gästen.

Oslo Sommerfestival: zweites Wochenende im Juni, www.osloarr.no. Drei Tage lang Fest im Stadtzentrum u. a. mit Konzerten, Kirmes, Zirkusvorführungen.

Norwegian Wood: Mitte Juni, Frognerbad im Frogner-Park, www.norwegianwood.no. Als eines der größten Open-Air-Rockfestivals des Nordens lockt Norwegian Wood jährlich über 25 000 Fans ins Frognerbad.

Mittsommerfest (Sankthansaften): vom 23. auf den 24. Juni. Das Fest der Sommersonnenwende markiert mit Sicherheit die ausgelassenste Festnacht des Jahres. Insbesondere an Seeufern und der Oslofjordküste prasseln kleine, große und riesengroße Feuer, wird im Familien- und Freundeskreis musiziert, getanzt, geflirtet und getrunken. Auch Großveranstaltungen laden ein, Infos über das Touristenbüro und www.visitoslo.com.

Gayfestival Skeive Dager: zehn Tage gegen Ende Juni, www.skeivedager.no. Die Oslo Gay and Lesbian Pride Week ist die größte Kulturveranstaltung ihrer Art im Königreich.

Norway Cup: Ende Juli/Anfang Aug., Ekebergsletta, www.norway-cup.no. Beim größten Fußballturnier der Welt für Junioren spielen mehr als 1500 Teams aus 45 Ländern eine Woche lang um die begehrten Pokale. Anmelden können sich alle Vereine, deren eigener Fußballverband FIFA-Mitglied ist.

Oslo Jazz Festival: Mitte Aug., Middelalderparken, www.oslojazz.no. Seit über 20 Jahren lädt dieses auch international bekannte Jazzfestival sieben Tage lang mit über 70 Konzerten an insgesamt 18 Veranstaltungsorten ein.

Øya Festival: vier Tage Mitte Aug., www.oyafestivalen.com. Mit über 40 000 Besuchern eines der größten Rockfestivals im Land, mit internationalen Gruppen, vor allem aber Talentschuppen für norwegische Bands.

Oslo Kammermusikk Festival: Mitte Aug., www.oslokammermusikkfestival.no. Rund zwei Dutzend Kammermusikkonzerte im Laufe von zwölf Tagen.

ULTIMA-Festivalen: zehn Tage Mitte Sept., www.ultima.no. Wichtigstes Festival für moderne experimentelle Musik in Norwegen.
Oslo World Music Festival: eine Woche ca. Anfang Nov., www.world-music.no. Gruppen aus rund 30 Ländern der Welt live in Oslos populärsten Musikkneipen und Kulturzentren.
Advent: Am 1. Advent u. a. festliches Entzünden des Weihnachtsbaumes auf dem Universitetsplass bei der Karl Johans gate durch die Heilsarmee. Die Karl Johans gate ist von nun an festlich geschmückt. An nahezu jedem Wochentag ab 16, Sa ab 13 Uhr Benefizkonzerte für die Heilsarmee von berühmten norwegischen Künstlern auf dem Egertorget vor dem Storting.

Fundbüro

Oslo Sporveiers hittegodskontor: Tel. 22 08 53 61, www.sporveien.no, U-Bahn Nationaltheater, Mo–Fr 8–18 Uhr. Für in öffentlichen Verkehrsmitteln verlorene Gegenstände.
NSB Hittegodskontor: Tel. 81 56 83 40, Mo–Fr 7–16.45 Uhr. Fundbüro der Eisenbahn im Hauptbahnhof bei den Schließfächern.
Oslo Politidistrikts hittegods-kontor: Grønlandsleiret 44, Tel. 22 66 90 50, Bus 37, Mo–Fr 8.15–14.30 Uhr. Für Fundsachen aus dem gesamten Stadtbereich.

Geld und Banken

Die **Währung** Norwegens ist die Krone (abgekürzt NOK) zu 100 Øre. Das kleinste Geldstück ist 50 Øre (im Geschäft wird auf- oder abgerundet), das größte 20 NOK. Es gibt Scheine zu 50, 100, 200, 500 und 1000 NOK.

Wechselkurs: 1 NOK = ca. 0,12 € = ca. 0,17 CHF, 1 € = ca. 8 NOK, 1 CHF = ca. 6,00 NOK (Stand Sommer 2010).

Günstiger als zu Hause tauscht man Bargeld in Norwegen. **Umtausch** ist möglich bei Banken (teils auch Postämtern), der Turistinformasjon ved Rådhuset (s. S. 20) sowie am Flytog-Bahnsteig im Hauptbahnhof (Mo–Fr 9–19, Sa 9–16 Uhr). Besser aber große Beträge, weil unabhängig von der Summe hohe Wechselgebühren berechnet werden.

Kreditkarten werden fast überall akzeptiert, auch von den meisten Geldautomaten.

Gesundheit

Gesundheitsvorsorge

Gesetzlich versicherte Deutsche und Österreicher können in Norwegen einen Arzt aufsuchen und sich die vorausgezahlten Kosten gegen Vorlage der Quittungen von ihrer Krankenkasse erstatten lassen. Als Kosten fallen 132 NOK (Arztbesuch) bzw. 172 NOK (Facharztbesuch) an, für Arzneien zahlt man den vollen Preis, Krankenhausaufenthalte sind kostenlos. Chipkarten mit Auslandsgültigkeit (European Health Insurance Card) werden akzeptiert. Der Abschluss einer privaten Reisekrankenversicherung wird dennoch empfohlen, zumal Kosten für zahnärztliche Behandlungen von den Krankenversicherungen nicht übernommen werden.
Notfall (Ambulanz): Tel. 113
Ärztlicher Notdienst: Legevakt, Storgata 40, Tel. 22 93 22 93, www.oslo legevakt.no, Straßenbahn 11, 12, 13, Bus 30, 31; 24 Std. geöffnet.
Zahnärztlicher Notdienst: Tannlegevakt, Schweigaardsgate 6, 3. Etage (Zentrum, nahe Busbahnhof), Tel. 22 67 30 00, tgl. 19–22, Sa/So 11–14 Uhr.
Apotheken *(apotek)* sind gut sortiert,

jedoch sind die Preise hoch, Medikamente gibt es meist nur auf Rezept. Rund um die Uhr geöffnet ist die Vitusapotek Jernbanetorvet: Jernbanetorget 4B (Bahnhofsplatz), Tel. 23 35 81 00.

Informationsquellen

Informationen zu Norwegen

Norwegisches Fremdenverkehrsamt: Postfach 11 33 77, 20433 Hamburg, Tel. 0180 500 15 48 (0,12 €/Min.), www.visitnorway.de. Zuständig für Deutschland, Österreich und die Schweiz.

Speziell zu Oslo

Turistinformasjon ved Rådhuset ▶ H 4: Fridtjof Nansens Plass 5, Eingang: Roald Amundsens gate, Tel. 81 53 05 55, www.visitoslo.com, Jan.–März und Okt.–Dez. Mo–Fr 9–16, April–Mai und Sept. Mo–Sa 9–17, Juni–Aug. tgl. 9–19, Telefonservice Mo–Fr 9–16 Uhr. Infos zu Oslo, Geldwechsel, Hotelbuchung, Verkauf des Oslo-Pass, Buchung von Stadtrundfahrten.

Turistinformasjonen på Trafikanten ▶ K 4: Jernbanetorget 1 (vor Hauptbahnhof, Tel. 81 53 05 55, Mo–Fr 7–20, Sa/So 8–18 bzw. 8–20 Uhr (Mai–Sept.). Identisches Serviceangebot, zusätzlich werden Privatzimmer vermittelt.

Im Internet

Die größte Internetdichte im Land verzeichnet Oslo, und entsprechend ist fast jedes Unternehmen der Tourismusbranche mit einer eigenen Seite im Web vertreten. Außer Norwegisch ist Englisch weit verbreitet, auf Deutsch finden sich oft nur kurze Zusammenfassungen.

Länderkennung Norwegen: no

Suchmaschinen: Die größten norwegischen Suchmaschinen sind www.kvasir.no (Webkatalog, der Adressen nach Themen sortiert auflistet) und www.google.no, hilfreich auch dann, wenn man kein Norwegisch spricht.

www.visitoslo.com: Die offizielle Homepage der Touristeninformation von Oslo lässt auch auf Deutsch kaum Fragen offen (manche Menüpunkte nur auf Norwegisch und Englisch), versteht sich zudem als Online-Buchungsmaschine für Unterkünfte. Praktisch: den vor Ort als Broschüre erhältlichen offiziellen Oslo-Führer kann man ganz oder auch in Teilen downloaden.

www.clickwalk.com: Laut Eigendarstellung bietet diese Website die weltweit erste auf Panoramafotos basierte Visual Reality überhaupt, Oslo z. B. kann im Rahmen von hunderten Panoramen ›begangen‹ werden.

www.osloweb.net: eine umfassende Sammlung von Links zu Oslo auf Norwegisch, u. a. auch mit Links zu mehr als 20 Webcams, die über das gesamte Stadtgebiet verteilt sind.

Kinder

Kinder gehören hier auch in sonst eher klassischen Erwachsenen-Domänen wie Museen und Galerien zum Alltagsbild. Erste Kontaktadresse für Eltern sollte die Touristeninformation von Oslo sein, die alle Kinderfragen kompetent beantworten kann. Unter www.visitoslo.com (›Oslo für Kinder‹) zeigt ein simpel zu bedienender Veranstaltungskalender auf Englisch und Norwegisch alle speziell für Kinder geeigneten Events auf.

Im Restaurant

Wickelräume und Kinderstühle sind in den meisten Restaurants vorhanden. Fast überall auch steht ein *barnemeny* auf der Karte, ein ›Kinderteller‹ mit Fa-

Der Umwelt zuliebe – nachhaltig reisen

Die Umwelt schützen, die lokale Wirtschaft fördern, intensive Begegnungen ermöglichen, voneinander lernen – nachhaltiger Tourismus übernimmt Verantwortung für Umwelt und Gesellschaft. Die folgenden Webseiten geben einige Tipps, wie man seine Reise nachhaltig gestalten kann, und bieten Hinweise auf entsprechende Reiseangebote in der ganzen Welt.
www.fairunterwegs.org: »Fair Reisen« anstatt nur »verreisen« – der schweizerische Arbeitskreises für Tourismus und Entwicklung erklärt, wie das geht. Außerdem ausführliche Infos zu Reiseländern in der ganzen Welt.
www.forumandersreisen.de: Die 150 Reiseveranstalter des Forum Anders Reisen bieten ungewöhnliche Reisen weltweit, Nachhaltigkeit wird durch einen gemeinsamen Kriterienkatalog gewährleistet.
www.vertraeglich-reisen.de: Die Zeitschrift stellt auf der Webseite nachhaltige Reiseangebote und Unterkünfte in Deutschland, Österreich und weiteren europäische Ländern vor und gibt originelle Unterkunftstipps.
www.zukunft-reisen.de: Das Portal des Vereins Ökologischer Tourismus in Europa erklärt, wie man kostengünstig umweltverträglich und sozial verantwortlich reisen kann.

voriten wie *pølser med brød* (Würstchen mit Brot; Pommes gibt's eher selten) oder *potetsalat* (Kartoffelsalat), *pannekake* (Pfannkuchen), *kjøttkaker* (Frikadelle), *fiskeboller* (Fischfrikadelle). Neben den üblichen Softdrinks weit verbreitet sind Fruchtmixgetränke z. B. mit *blåbær* (Blaubeere) oder *jordbær* (Erdbeere), auch *sjokolademelk* sowie die Limonaden Eventyrbrus (rotes Zuckerwasser), Champagnerbrus (prickelndes Zuckerwasser) und, vor Weihnachten, die ebenfalls süße Julebrus.

Übernachten

Mit dem Oslo Paket (s. S. 86) können bis zu zwei Kinder unter 16 Jahren kostenlos im Zimmer der Eltern übernachten. Neben Extrabetten bieten viele Hotels, Herbergen und auch Jugendherbergen Mehrbettfamilienzimmer.

Unsere Kinder haben sich in den Vierbetthütten des Bogstad Camping (s. S. 87) stets am wohlsten gefühlt: Dort konnten sie draußen nach Herzenslust herumtoben und spielen und hatten innen mehr Platz als in einem gängigen Hotelzimmer.

Spaß rund ums Jahr

Der Oslofjord sowie diverse Seen und Schwimmbäder bieten in den Sommermonaten herrliche Bademöglichkeiten (s. S. 23). Dann empfehlen sich auch Outdooraktivitäten wie Kanu- und Radtouren. Im Winter kann man mitten in Oslos Zentrum Schlittschuh laufen (s. S. 31), mit der U-Bahn geht's zur Rodelbahn oder zur Skipiste (s. S. 68). Stets einen Besuch wert sind die Familienattraktionen Reptilpark (s. S. 79), Norsk Teknisk Museum (s. S. 77) und das Internasjonale Barnekunstmuseum (s. S. 75) sowie die spannenden Museen auf Bygdøy (s. S. 46 und 49), das ›Haus des Weihnachtsmanns‹ in Drøbak (s. S. 70), Norwegens größter Freizeitpark Tusenfryd (s. S. 70), die Flugzeugausstellung in Gardermoen (s. S. 80) sowie der Raddampfer Skibladner (s. S. 83).

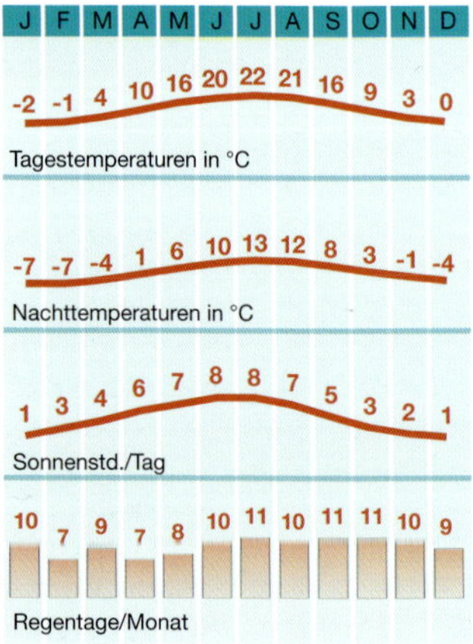

Klimadiagramm Oslo

Klima und Reisezeit

Der Frühling kommt mit üppiger Blütenpracht im April, ab Juni bis Anfang September spricht man vom Sommer. Auch der Herbst gilt als eine gute Reisezeit für Oslo, das aber gerade auch im knackig kalten und schneereichen Winter ein lohnendes Reiseziel ist.
Wettervorhersage: www.yr.no/sted/Norge/Oslo. Mit einem Klick sieht man, wie das Wetter in Oslo oder sonstwo in Norwegen wird – stundengenau.

Öffnungszeiten

Geschäfte: Mo–Mi, Fr 9/10–16/17, Do 9/10–19/20, Sa 9/10–13 Uhr, So geschl.
Supermärkte: Mo–Fr 9/10–20/21, Sa 9/10–18 Uhr, So geschl.
Banken: Mo–Mi und Fr 8.15/8.30–15/15.30, Do 8.15/8.30–17 Uhr.
Post: Mo–Fr 8/8.30–16/16.30, Sa 8–13 Uhr.
Alkoholläden: Mo–Mi und Fr 10–17, Do 10–18, Sa 10–15 Uhr.

Rauchen

Raucher haben's schwer – Tabak und Zigaretten bekommt man zwar wie auch in Mitteleuropa, doch muss man über 18 Jahre alt sein und tief in die Tasche greifen. Ein 20er-Päckchen Zigaretten kostet 75 NOK, 50 g Tabak 160 NOK. In öffentlichen Verkehrsmitteln, öffentlichen Gebäuden und an öffentlich zugänglichen Plätzen herrscht obendrein absolutes Rauchverbot, auch in Restaurants und Cafés, Bars, Kneipen etc. Zuwiderhandlungen werden mit drastischen Geldstrafen geahndet. Mit Gefängnis muss rechnen, wer nicht beachtet, dass in Norwegen sowohl Konsum als auch Besitz sogenannter weicher Drogen illegal ist.

Reisende mit Handicap

In Norwegen sind alle öffentlichen Einrichtungen, aber auch Gehsteige, Lifts etc. auf die Belange von Rollstuhlfahrern zugeschnitten. Die Ampeln geben auch akustische Signale ab, im Theater werden gratis Hörapparate verliehen.

Das Fremdenverkehrsamt gibt unter www.visitoslo.com (Untermenü ›Oslo für alle‹) Informationen für Behinderte in Englisch.

Sport und Aktivitäten

Wohl keine Metropole auf der Erde bietet ein so breites Angebot an sportlichen Aktivitäten zu allen Jahreszeiten wie Oslo. Über alle Möglichkeiten informiert umfassend das Aktivitäten-Menü der Website www.visitoslo.com.

Baden und Strände

Bei Wassertemperaturen von locker auch über 23 °C sind ›Baden & Beachen‹ des Osloers liebste Sommerbeschäftigung. Dabei beginnt hier der Badespaß sozusagen direkt vor dem Zentrum auf der Insel **Bygdøy** (s. S. 47) sowie auf den Inseln des Oslofjords, die nahezu alle als Sommer-Badeparadiese gelten. Die Website www.oslooyene.no informiert umfassend, auch die genauen Fährzeiten sind aufgelistet (ansonsten über Tel. 177 oder Trafikanten, s. S. 25), alle Fährboote verkehren ab Vippetangen (▶ H 6).

Auch die 343 Seen der Stadt bieten so manchen Badeplatz; beliebt sind u. a. der kleine **Øvresetertjern** (s. S. 66), der **Bogstadvannet** (außerhalb, Bus 41: Bogstad badeplass) sowie der **Sognsvann** (außerhalb, U-Bahn 3: Sognsvann), der idyllisch in Wald und Wiesen gebettet ist und ein Sandufer hat.

Sogar die **Akerselva** (s. S. 56), Oslos größter Fluss, eignet sich auf ihrer gesamten Länge zum Baden. Obendrein bieten sich u. a. das **Frognerbad** (s. S. 55) sowie das **Tøyenbad** (s. S. 23) an. Die Wasserqualität des Fjords und der Seen wird übrigens ständig überprüft.

Radfahren

In Oslo ist das Radeln mit dem Mietfahrrad (s. S. 25) nicht nur kostenlos, sondern es macht auch noch Spaß, denn oft verlaufen spezielle Radwege bewusst abseits der Straßen. So kann man hier durchaus per Rad auf Sightseeingtour gehen, aber auch regelrechte Radtouren von bis zu 70 km Länge sind möglich.

Populär sind u. a. eine Fahrt am Ufer der Akerselva entlang (s. S. 56), rund um Bygdøy (s. S. 48) oder hinauf nach Holmenkollen (s. S. 67). Die Website www.visitoslo.com stellt unter ›Aktivitäten/Fahrrad‹ gleich fünf Routen ausführlich vor, alle Fahrradwege/-routen der Stadt sind unter www.oslosykkelkart.no (Menüpunkt ›Bladinndeling‹) aufrufbar.

An Dutzenden **Fahrradstationen** in Oslo stehen insgesamt über 1200 Fahrräder bereit (blau gestrichen, vier Gänge, Einkaufskorb am Lenker). Man kann sie jeweils 3 Std. lang nutzen, wenn man eine Smartcard besitzt, die für Touristen (als ›Touristcard‹) 80 NOK pro Tag kostet und u. a. über das Touristenbüro zu beziehen ist. Nach Ablauf der Leihdauer stellt man das Rad einfach an einer beliebigen Fahrradstation ab und kann sich sogleich ein neues nehmen. Infos: Tel. 22 02 34 43 und www.oslobysykkel.no, wo man die Karte (Bysykkelabonnement) auch online kaufen kann (das Prozedere ist auf Englisch).

Wandern

Mit über 1200 km markierten Wanderwegen und mehr als drei Dutzend teils bewirtschafteten Wanderhütten in der zum Stadtgebiet gehörigen Marka (auch: Oslomarka, Nordmarka) dürfte Oslo die wohl wanderfreundlichste Metropole der Welt sein. Das populärste und auch panoramareichste Wandergebiet liegt um Holmenkollen (s. S. 65). In der Stadt selbst bietet sich vor allem der Frogner-Park (s. S. 55) an. Auch Bygdøy (s. S. 47), reich an kleinen Wäldern und Stränden, ist wie geschaffen für kurze Touren. Eine überaus abwechslungsreiche Route folgt dem Fluss Akerselva (s. S. 56).

Wer sich über alle Tourmöglichkeiten informieren will, nehme mit dem norwegischen Wanderverein Den Norske Turistforening (DNT, www.dntoslo.no) Kontakt auf, wo man auch alle erforderlichen Karten erhält.

Sicherheit und Notfälle

Die Kriminalität hat in den vergangenen Jahren drastisch zugenommen, und Oslo gilt heute als die ›Kriminalitäts-Hauptstadt von Skandinavien‹. Besonders für Frauen ist die Stadt nach Einbruch der Dämmerung nicht mehr sicher, jährlich werden etwa 200 Vergewaltigungen registriert!

Wichtige Notrufnummern

Krankenwagen, Notarzt: Tel. 113, **Polizei:** Tel. 112, **Feuerwehr:** Tel. 110 – aus Telefonzellen und von Mobiltelefonen immer kostenfrei.
Sperr-Notrufnummer: Für Kreditkarten, EC-Karten und Handys: 0049 116 116.
Diplomatische Vertretungen: Deutschland Tel. 23 27 54 00, www.oslo.diplo.de; Österreich Tel. 22 55 23 48, www.austria.no; Schweiz Tel. 22 54 23 90, www.eda.admin.ch/oslo.

Wintersport

Zwischen Mitte Dezember und Ostern locken in der Oslomarka nicht weniger als 2600 km präparierte Loipen (davon 90 km unter Flutlicht), an denen rund 70 Skihütten zu Speis und Trank einladen. Aber es gibt auch alpine Abfahrten, Buckelpisten und Sprungschanzen, und als Snowboarder, Rodelfan (s. S. 68) und Schlittschuhläufer (s. S. 31) kommt man ebenfalls auf seine Kosten. Vor Ort kann man Ausrüstung ausleihen und Kurse belegen. Das Wintersport-Zentrum **Tryvann Winterpark** ist mit 14 Pisten und sieben Lifts das größte der Metropole (s. S. 68).

Telefon und Internet

An **Telefonzellen** (Kartentelefone bzw. kombinierte Münz-/Karten- sowie Kreditkarten-Telefone) herrscht kein Mangel. **Telefonkarten** kauft man u. a. in Kiosken und in Supermärkten.

Ortsvorwahlnummern gibt es nicht in Norwegen: Stets müssen alle acht Zahlen der Rufnummer gewählt werden, auch im Ort selbst. Für **Auslandsgespräche** wählt man 00 oder +, gefolgt von der Vorwahlnummer des Landes (Deutschland 49, Österreich 43, Schweiz 41, Norwegen 47) und dann die nationale Teilnehmernummer ohne führende Null, 800-Nummern sind Freinummern. Um Telefonnummern im Internet zu finden, gebe man www.gulesider.no ein; die Seite gibt es auch auf Englisch.

Mobiltelefone: Genutzt werden können die Systeme GSM 900 und GSM 1800 sowie UMTS.

Internet: Die allermeisten Unterkünfte sind mit WLAN ausgestattet, auch in Bibliotheken, am Flughafen und im Bahnhof, im Busbahnhof und anderen öffentlichen Gebäuden kann man problemlos aufs Internet zugreifen (ca. 50–60 NOK/Std.).

Unterwegs in Oslo

Öffentliche Verkehrsmittel

U-Bahn: T-bane, sechs Linien in Ost-West-Richtung, Scheitelstation ist Stortinget (Parlament).

Straßenbahn: Trikk, sechs Linien in Ost-West-Richtung.

Bus: 70 Linien, Hauptstation Sentralstasjon (Bahnhof) sowie Nationalteatret (Nationaltheater).

Fähren: im Sommer nach Bygdøy (ab Rathaus) und zu Inseln im Oslofjord (ab Vippetangen, unterhalb Akershus).

Die **Tickets** sind für alle Transportmittel gültig. 40 NOK für eine Fahrt inkl. Umsteigen (max. 1 Std.) zahlt man beim Fahrer, 26 NOK an Automaten, eine 8er-Karte (Flexikort) kostet 190 NOK, eine Tageskarte 70 NOK, die Wochenkarte 210 NOK. Inhaber des Oslo-Passes (s. Kasten) fahren generell kostenlos, ebenso Kinder unter vier Jahren; Jugendliche bis 16 Jahre sowie Senioren über 67 Jahre zahlen die Hälfte.

Zentral-Information Trafikanten: direkt vor dem Hauptbahnhof, Mo–Fr 7–20, Sa/So 8–18 Uhr. Fahrpläne und Verkauf aller Tickets.

Online-Fahrplanauskunft: www.trafikanten.no (auch deutsch). Gibt man im Reiseplaner (linke Seite) Abfahrts- und Zielort (auch mit Hausnummer) ein, erfährt man genau, mit welchem Transportmittel man wann und wie schnell hinkommt, und wie weit man von der Haltestelle zum Ziel laufen muss.

Service-Telefon: Tel. 177, tgl. bis 23 Uhr, auch auf Englisch.

Leihwagen

Die Büros der bekannten Mietwagen-Firmen befinden sich am Flughafen, beim Hauptbahnhof sowie im Stadtzentrum. Günstig mietet man über Rent a Wreck (www.rent-a-wreck.no) am Flughafen (Tel. 63 92 65 90) sowie im Zentrum (Tel. 22 83 31 11).

Taxi

Taxis sind zahlreich, aber teuer (Startgebühr 44 NOK, 20 NOK/km, Mindestpreis 115 NOK). Auf der Straße stoppt man sie, ansonsten gibt es im Stadtbereich rund 80 Halteplätze.

Taxiruf: z. B. Tel. 023 22.

Stadtrundfahrten

Die traumhafte Lage von Oslo genießt man am besten im Rahmen von Fjordfahrten (s. S. 38). Populär sind die Stadtwanderungen mit Oslo City & Nature Walks (s. S. 43) sowie die Hop on – Hop off Touren, die von Mitte Juni bis Mitte Sept. zu den Highlights der Stadt führen (auch auf Englisch). Im Halbstundentakt verkehren ab Rathaus die offenen Doppeldeckerbusse (225 NOK, Kinder 110 NOK) mit Zustieg an allen Stationen. Info: Citysightseeing, Tel. 40 00 59 31, www.citysightseeing.no.

Wer wenig Zeit hat, wird evtl. an geführten Sightseeingtouren teilnehmen, die rund ums Jahr tgl. um 10 Uhr im Stadtzentrum starten (kostenloser Abholdienst von diversen Hotels sowie den Fährterminals aus) und je 4 Std. dauern (Oslo Grand Highlights, 350 NOK) bzw. 3 Std. (Oslo Highlights, 320 NOK) bzw. 2 Std. (Oslo Panorama, 215 NOK). Ermäßigung für Inhaber des Oslo-Passes (s. u.). Info: H.M.K. Sightseeing, Tel. 22 78 94 00, www.hmk.no.

Mit dem **Oslo-Pass** bekommt man u. a. freien Eintritt in die meisten Museen und Sehenswürdigkeiten, kann alle öffentlichen Verkehrsmittel sowie öffentlichen Parkplätze kostenlos benutzen, erhält Ermäßigungen im größten Freizeitpark des Landes ebenso wie in manchen Restaurants und Geschäften. Man bekommt den Pass über die Auskunftstellen der Stadt, auch online, bei den meisten Hotels sowie bei den Narvesen-Kiosken in Oslo. Er kostet 230 NOK für 1 Tag (24 Std.) für Erwachsene (100 NOK für Kinder sowie Senioren ab 67 J.), 340 NOK für 2 Tage (120 NOK), 430 NOK für 3 Tage (160 NOK). Sinnvoller kann man als Oslo-Besucher sein Geld kaum anlegen.

15 x Oslo direkt erleben

Gleich hier könnten Ihre Entdeckungstouren durch Oslo beginnen: an der Schokoladenseite der Stadt, an ihrer Front zum Oslofjord, wo die, wie es heißt, schönste Oper der Welt als spektakulärer Blickfang aus Glas und Carrara-Marmor in Form eines treibenden Eisbergs aus dem Hafenbecken ragt.

1 | Ein königlicher Laufsteg – die Karl Johans gate

Karte: ► G 3–J/K 4/5 | **Anfahrt:** U-Bahn Jernbanetorget

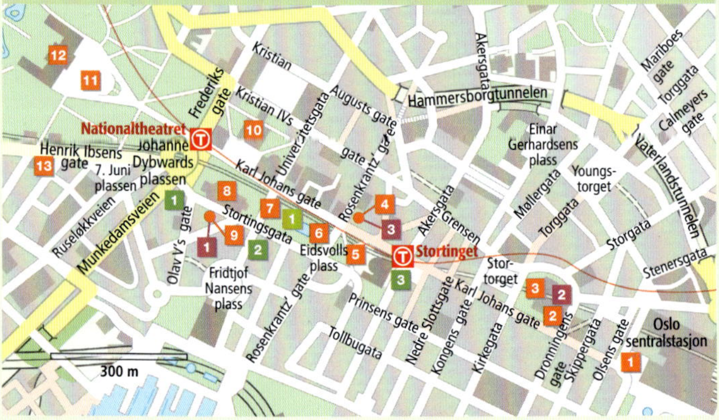

Die ›Via Veneto des Nordens‹ wurde 1814 auf Geheiß des schwedischen Oberherrn Karl Johan als Prunkboulevard erbaut und leitet in gerader, knapp 2 km langer Linie vom Hauptbahnhof zum Schloss. Majestätisch also ihr Name und majestätisch auch das Gepräge dieser an edlen Shoppingadressen, Luxushotels und Spitzenrestaurants reichen Schlagader Oslos.

Am Hauptbahnhof

Oslo hat viele Seiten, und warum die Norweger ihre Hauptstadt unter anderem auch für die sauberste und aufgeräumteste Europas halten, wird auf dem verkehrsumbrandeten **Jernbanetorget** 1 deutlich. Der Bahnhofsplatz, mit Trafikanten (s. S. 25) und der Touristeninformation (s. S. 20) in seiner Mitte, präsentiert sich nicht mitteleuropäisch-schmuddelig, sondern norwegisch-proper: Alle Zweckbauten sind mit Glas und Kunst so ästhetisch aufgewertet wie der Boden sauber gefegt ist. Das ganze bauliche Arrangement rings umher, dominiert von den gestylten Konsumtempeln Oslo City (s. S. 102) und Byporten (s. S. 100), wirkt jedoch ein wenig kalt.

Zum Dom

Einen satten Kontrast dazu bildet das 1841 gemauerte Halbrund der neoromanischen **Basarhallen** 2, in deren Arkadengängen Pakistanis, Inder, Libanesen und Angehörige anderer Völker exotische Waren anbieten.

Angrenzend liegt die **Oslo Domkirke** 3, der 1697 eingeweihte und wiederholt – zuletzt zwischen 2006 und 2010 – restaurierte Dom. Sehenswert in der im Barockstil fertiggestellten Bischofskirche sind vor allem ein 1500 m² großes Monumentalgemälde in Ei-Öl-Tempera an der Decke sowie die barocke Kanzel nebst dem barocken Altar, die als die ersten bekannten Arbeiten im Akanthusstil in Norwegen gelten. Auch der Königsstuhl ist einen bewundernden Blick wert, und in der Höhe des zentralen Backsteinturms tickt seit 1718 die älteste heute noch funktionierende Turmuhr des Königreiches.

Symbole der Staatswerdung

Feine Boutiquen säumen die Karl Johans gate, die sanft zum Egertorget ansteigt. Man hat ihn dort erreicht, wo man in gerader Linie zum Königlichen Schloss hinüberblicken kann – eine lohnende Ansicht. Ebenso auch die Fassade des **Grand Hotel** 4 (s. S. 89) mit dem **Grand Café** 3 (s. S. 30) und natürlich der 1866 fertiggestellte neogotische Backsteinbau des **Storting** 5 gegenüber. Architektonisch setzt sich das Parlamentsgebäude nicht unbedingt in Pose, beeindruckt aber im Innern mit reicher künstlerischer Ausstattung. Es kann im Rahmen von Führungen besichtigt werden. Sehenswert ist u. a. Oscar Wergelands Gemälde der verfassunggebenden Versammlung.

Vor dem Storting, ganz ohne Bannmeile liegt der im Sommer stets von Sonnenhungrigen belebte **Eidsvollspark** 6, dessen Name an den Ort Eids-

Übrigens: Seit Ende 2008 können Fußgänger auf ihrem Weg durch die Innenstadt insgesamt 69 markante Zitate des Dramatikers Henrik Ibsen auf dem Straßenpflaster studieren. ›Feinkultur auf Straßenniveau‹ lautet der Name dieses Projektes. Die dichteste Sammlung der in rostfreien Stahlbuchstaben gehaltenen Zitate findet sich auf der Karl Johans gate, so z. B. direkt vor dem Grand Café, einst Stammcafé des Künstlers, von wo aus man auf ›Textspuren‹ des Dramatikers bis zum Ibsenmuseet (s. S. 74) wandeln kann.

Nicht nur Könige flanieren hier – die Karl Johans gate ist auch eine beliebte Einkaufsstraße

voll erinnert, in dem 1814 das norwegische Grundgesetz erarbeitet wurde. Er geht über in den bei Bierdurstigen beliebten Park **Studenterlunden** 7 mit dem im Winter als Schlittschuhbahn fungierenden Spiegelteich Spikersuppa (s. S. 31). Er leitet über zum 1895 erbauten **Nationaltheatret** 8 (s. S. 111), dessen Fries die Namen der drei großen Nationaldichter Bjørnstjerne Bjørnson, Ludvig Holberg und Henrik Ibsen verewigt.

Gegenüber prunkt das **Hotel Continental** 9 (s. S. 88) mit dem durchaus weltberühmten **Theatercafeen** 1 (s. S. 85 und 92), während auf der anderen Seite der Karl Johans gate der mächtige Säulenbau der **Universitet** 10 klassizistische Akzente setzt.

In der mit Wandmalereien von Edvard Munch geschmückten Aula wurde früher der Friedensnobelpreis (s. S. 39) verliehen.

Am Königlichen Schloss

Direkt voraus erstreckt sich die weite Grünanlage des **Slottspark** 11 mit dem 1848 im klassizistischen Stil errichteten dreiflügeligen **Kongelige Slott** 12, das offizieller Wohnsitz des norwegischen Königs ist. Schutzlos den Fotoangriffen der zahlreichen Touristen ausgeliefert sind die fein herausgeputzten Palastwachen, die ebenso elegant gekleidet sind wie ihre englischen Kollegen von Buckingham Palace. Das Schloss selber kann in seiner Gesamtheit nicht besichtigt werden. Nur im Sommer sind im Rahmen von Führungen 15 repräsentative Räume im eklektizistisch ausgestatteten Inneren für die Öffentlichkeit zugänglich.

Öffnungszeiten

Oslo Domkirke: www.oslodomkirke.no, Mai–Aug. tgl. 10–16, sonst 12–18 Uhr, Eintritt frei.

Storting: www.stortinget.no, Führungen, auch auf Englisch, Ende Juni–Aug. Mo–Fr 10, 11.30 und 13 Uhr, sonst nur Sa, Eintritt frei.

Universitet: Mo–Fr 12–14 Uhr, Eintritt frei.

Kongelige slott: www.kongehuset.no, Wachablösung tgl. 13.30 Uhr, Führungen Ende Juni–Mitte Aug. auf Englisch tgl. um 14 und 14.20, Mo–Do auch um 12, Sa/So auch um 16 Uhr, 55 Min. Dauer; nur wenige Tickets pro Tag am Schloss, sonst ab 1. Mai im Vorverkauf (95 NOK) an den Postämtern des Landes sowie unter www.billettservice.no, Tel. 81 53 31 33.

Nahebei: Ibsen

Pünktlich zum 100-jährigen Todestag (23. Mai 2006) von Henrik Ibsen wurde in der letzten Wohnung des berühmten Dichters und Dramatikers das **Ibsenmuseet** 13 eröffnet (s. S. 74).

Kaffeetrinken stilvoll

Eine Sehenswürdigkeit für sich ist das **Theatercafeen** 1 (s. S. 85 und 92). Die etwas versteckt zwischen Dom und Basarhallen auf einem winzigen Kastanienplatz gelegene **Cappuccino Trattoria** 2 (Dronningens gate 27, www.trattoria.no, im Sommer tgl. von 11–24 Uhr, Hauptgerichte 105–390 NOK) gilt vielen als das schönste ›Gartenrestaurant‹ im Stadtzentrum von Oslo. Es handelt sich um einen nur während des Sommers betriebenen Ableger des angrenzenden Baltazar (s. S. 93).

Das im eleganten Boheme-Stil eingerichtete **Grand Café** 3 (Karl Johans gate 31, Tel. 23 21 20 18, Mo–Fr ab 11, Sa/So ab 12 Uhr) gehört zu Oslos ersten Lunch-Adressen in Künstler- und

Intellektuellen-Kreisen. Ibsen, Munch, Krogh und zahlreiche andere Berühmtheiten pflegten hier einzukehren und ihren Kaffee zu trinken. Der Maître de cuisine empfiehlt u. a. Hirsch-Tartar (Vorspeise, 170 NOK) und Seehecht (Hauptgericht, 275 NOK).
Jeden Sonntag 12–16 Uhr lädt ein Jazzbrunch mit Live-Musik ein (325 NOK).

Shoppinglust

Entlang der Karl Johans gate und ihrer Nebenstraßen findet sich die wahrscheinlich größte Ladendichte im Königreich. Gerade für Touristen interessant sind u. a.:
Norway Designs 1 (Stortingsgt. 28, www.norwaydesigns.no, Mo–Mi, Fr 9–17, Do 9–19, Sa 9–15 Uhr) mit der größten Auswahl an allem, was man sich unter Design im Allgemeinen vorstellt.
Ist feiner und ausgefallener, dabei preislich eher moderater Silberschmuck gefragt, bietet sich **Juhls' Silvergallery** 2 (Roald Amundsen gt. 6, www.juhls.no, Mo–Fr 10–18, im Sommer 10–21, Sa 10–15 Uhr) an, der Laden der berühmten Silberschmiede aus Kautokeino in der Finnmark.
Ist Geld kein Thema, sehr wohl aber Schmuck und Edelsteine, dann geht man in Oslo zu **David-Andersen** 3 (Karl Johans gate 20, www.david-andersen.no, Mo–Fr 10–18, Sa 10–16 Uhr), seit den 1880er-Jahren einer der führenden skandinavischen Juweliere; größte Auswahl auch an sogenanntem Saga-Schmuck – originalgetreu nach Art der alten Wikinger.

Eisspaß

Der Teich im Park Studenterlunden fungiert im Winter als Schlittschuhbahn, und von allen Kunsteisbahnen der Stadt ist die **Spikersuppa kunstisbane** 1 (Dez. bis 1. März tgl. 11–21 Uhr) die populärste. Man gleitet kostenlos, Schlittschuhe kann man ausleihen (Erwachsene 50 NOK/Std., Kinder 40 NOK/Std).

Hinter der klassischen Fassade verbirgt sich ein königlicher Wohnsitz: das Osloer Schloss

2 | Bewegende Pinselstriche – die Nationalgalerie

Karte: ▶ G 4–H 3 | **Anfahrt:** U-Bahn Nationaltheatret

Die unberührte norwegische Natur gilt als maßgebliches Element im gesamten norwegischen Kulturschaffen seit Mitte des 19. Jh., und auch in der Malerei präsentiert sich Norwegen ›typisch‹. Davon kann man sich in der größten und repräsentativsten Kunstsammlung des Landes mit eigenen Augen überzeugen.

Die stilvoll in einem Neorenaissancebau des 19. Jh. untergebrachte **Nasjonalgalleriet** 1 ist gut gefüllt. Ehrfürchtig schieben sich die Besuchermassen durch die J.C.C. Dahl (1788–1857) gewidmete Abteilung, und selbst die pubertierenden Gymnasiasten sind mucksmäuschenstill, als ihre Lehrerin über diesen ›Vater‹ der norwegischen Malerei spricht. Ein Kunstwerk sei für ihn »ein aus der Natur geholtes Gedicht« gewesen, sagt sie, und so ernst und melancholisch, wie sich Norwegen präsentiere, seien auch seine Bilder, die dem romantischen Subjektivismus angehören. Das kann man sehen, das Dramatische herrscht vor, und ein Symbol Norwegens und der Norweger waren dem Künstler vom Sturm zerzauste Bäume, die sich noch an steilsten Abbruchkanten behaupten.

Die Nationalromantik

Die Stilepoche des romantischen Subjektivismus ging nach 1814 – als Norwegen nach der Trennung von Dänemark begann, auch kulturell wieder auf eigenen Füßen zu stehen – in die Nationalromantik über. Es war eine Zeit großer nationaler Begeisterung, und so strebten die Bohemiens des Landes auch eine eigenständige, sich von Dänemark wie von Schweden abgrenzende Kultur an, etwas ganz speziell ›Norwegisches‹. Sie fanden es in den spektakulären Naturlandschaften ihrer Heimat, die bald von Poeten mit dramatischen Worten beschrieben, von Komponisten in wildromantische Musik gefasst und von Malern mit bewegenden Pinselstrichen auf Leinwand gebannt wurden. Als erster und bedeutendster Vertreter der neuen Kunstrichtung gilt der durch die Düsseldorfer Schule gegangene Adolph Tidemand (1814–1876), der vorwiegend Szenen aus dem norwegischen Volksleben wiedergab. Den Höhepunkt dieser Epoche spiegelt das Gemälde »Braut in Hardanger«, das Tidemand zusammen mit Hans Gude (1825–1903) komponierte. Gude, der in Düsseldorf und Karlsruhe lehrte, malte Norwegens Landschaft oft in lieblicher Eleganz und stieg zur zentralen Gestalt der norwegischen Landschaftsmalerei des 19. Jh. auf.

Vom Naturalismus in die Gegenwart

Nach 1870 forderte das Zeitalter der Naturwissenschaften von den bilden den Künstlern in Form des Naturalismus seinen Tribut. Das Romantische wich der Darstellung der Wirklichkeit, die oft mit all ihren Schattenseiten gezeigt wurde. Die Düsseldorfer Schule hatte ausgedient, man ging nach München, Berlin, schließlich nach Paris, und als klassischer Vertreter dieser Zeit gilt Christian Krogh (1852–1925), der für den Sozialismus eintrat und in seinen Bildern (und auch Romanen) soziale Anklage erhob.

Der Einfluss des Impressionismus, als dessen norwegische Vertreterin Harriet Bakker (1845–1932), Schülerin von Bonnat, hervorzuheben ist, reicht bis in die Zeit der heutigen norwegischen Künstler hinein, die aber schnell die eng gezogenen Grenzen der Schule durchbrachen. So auch Edvard Munch (s. S. 62), der sich mit seinen Werken einen Platz in den bedeutendsten Museen der Welt gesichert hat und heute als ein wichtiger Wegbereiter des Expressionismus gilt.

Die norwegischen Maler der Gegenwart sind vornehmlich durch die Schule von Henri Matisse gegangen, aber auch Surrealismus und Pop-Art, Dadaismus und andere Stilrichtungen geben und gaben der ›jungen‹ Malergeneration des Landes viele Sujets.

Übrigens: Highlight der gesamten Ausstellung ist der letzte »Schrei« von Munch, nachdem sein erster 2004 aus dem Munch-Museum (s. S. 62) gestohlen wurde und zwei Jahre lang verschollen war. Auch Munchs »Madonna« wurde damals Beute der dreisten Diebe, doch ist hier eine zweite Version zu sehen, während eine dritte in der Hamburger Kunsthalle und zwei weitere in privaten Sammlungen zu finden sind. Eine davon wurde 1999 bei Kaare Berntsen (s. S. 99) für 74 Mio. NOK verkauft.

Internationale Kunst

Die zeitgenössischen norwegischen Künstler machen in der Nationalgalerie auf sich aufmerksam, die zum Nationalmuseum für Kunst, Architektur und Design gehört und u. a. Werke aller bedeutenden einheimischen Künstler der letzten 200 Jahre besitzt. Auch die Abteilung für internationale Kunst mit Werken u. a. von Picasso, Matisse, Monet, Degas, van Gogh, Gauguin und Rodin kann sich sehen lassen. Alles in allem laden in dieser größten Kunstausstellung des Landes mehr als 4500 Gemälde und 17 300 Zeichnungen sowie 25 000 Grafiken nebst 900 Originalskulpturen – von denen der größte und repräsentativste Teil ausgestellt ist – zur ausgiebigen Kunstschau ein.

Die umfangreichen Sammlungen des Historisk Museum umfassen auch Werke der Antike

Öffnungszeiten

Nasjonalgalleriet: Universitetsgaten 13, www.nasjonalmuseet.no, ganzjährig Di, Mi, Fr 10–18, Do 10–19, Sa/So 11–17 Uhr, Eintritt frei.

Lohnend in der Umgebung

Entlang der Kristian Augusts gate ist es nur ein wenige Minuten kurzes Wegstück von der Nationalgalerie zum **Historisk Museum** 2 (s. S. 74), das in einem der schönsten Jugendstilbauten von Stadt und Land eingerichtet ist und mit mehreren kulturhistorischen Sammlungen aufwartet.

Von der Nationalgalerie sind es gerade mal 700 m bis zum **Stenersenmuseet** 3 (Munkedamsveien 15, www.stenersen.museum.no, Di und Do 11–19, Mi, Fr–So 11–17 Uhr, Eintritt April–Sept. 45 NOK, sonst frei). Es ist Teil der Kunstsammlungen der Gemeinde Oslo und umfasst u. a. drei ehemalige Privatsammlungen, die insgesamt mehr als 1000 Gemälde norwegischer Künstler von 1850 bis 1970 bewahren; u. a. Werke von Edvard Munch, Ludvig Karsten, Rolf Nesch, Kai Fjell und Jacob Weidemann. Neben der ständigen gibt es zusätzlich auch Wechselausstellungen zeitgenössischer norwegischer und internationaler Künstler.

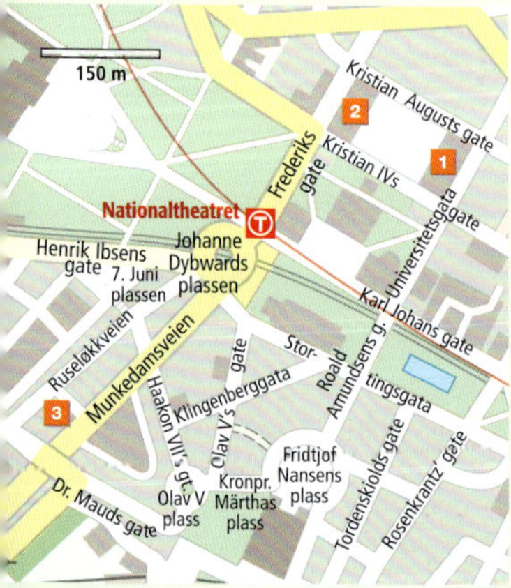

Art-Shopping

Oslos Shop mit der reichsten Kunstauswahl ist die 2005 neu eröffnete **Museumsbutikk der Nationalgalerie,** und am **Artshop des Stenersen Museum** kommt niemand vorbei, der etwas in Sachen Moderne Kunst einkaufen möchte.

3 | Jazz bis Hip-Hop – Oslos Musikmeile Grensen

Karte: ▶ J 4 | **Anfahrt:** U-Bahn Stortinget

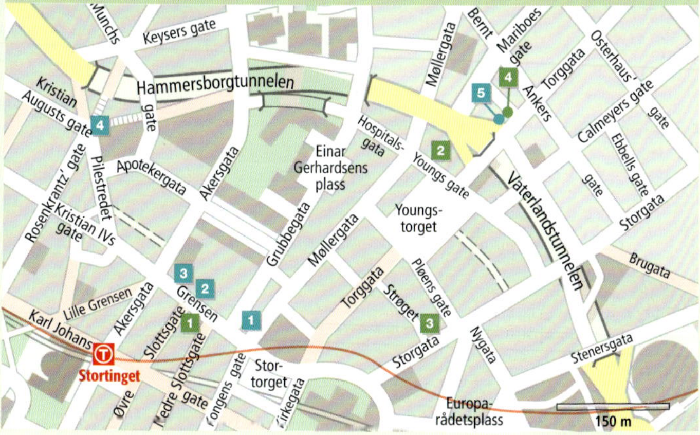

Die Crème de la Crème der norwegischen Jazzmusiker lebt in Oslo, aber auch zahlreiche Ikonen des Pop, Rock, Blues und vieler anderer moderner Stilrichtungen haben den Namen der Stadt in die musikalische Welt hinausgetragen und sind häufig in den zahlreichen Musikclubs und Musikshops der Metropole zu hören.

In Oslo finden sich einige der kultigsten Musikadressen des Nordens. Die In-Meile für alle Genres ist das innere Stadtzentrum nördlich der Domkirche mit Schwerpunkt in der Straße Grensen.

Coole Kultorte

Hinter der Hausnummer Grensen 1 verbirgt sich mit der **Stortorvets Gjæstgiveri** 1 (s. auch S. 97) Oslos ältestes Restaurant sowie die Konzertarena des New Orleans Workshop Jazz Club (www.neworleansworkshop.com), der im angeschlossenen Café jeweils samstags 13.30–16.30 Uhr reine Jazzkonzerte im Stil der 1920er/30er-Jahre organisiert. ›Rock around the clock‹ aus der Konserve macht im Musikpub **Garage** 2 (Grensen 9, www.garageoslo.no, Mo–Sa 14–3.30, So ab 18 Uhr) von sich hören, während der Konzertkeller (Konzerte ab 21 Uhr) im Zeichen von DJ- sowie Live-Musik steht.

Bleibt schließlich mit dem **Muddy Waters** 3 (Grensen 13, www.muddywaters.no, Di–Fr 16–3, Sa ab 14, So ab 20 Uhr; im Juli/Aug. So–Do ab 18, Fr ab 16, So ab 14 Uhr) die angesagteste Adresse für Blues: Ganze vier Live-Konzerte pro Woche stehen auf dem Programm (Eintritt ab 80 NOK, meist Mi, Di, Fr und Sa, Konzertstart um 22–23 Uhr), und an jedem So ab 22 Uhr lädt die Jam Session ein.

Gerade mal 100 m nördlich von Grensen bietet **Herr Nilsen** 4 (C.J. Hambros plass 5, www.herrnilsen.no, Mo–Sa 15–3, So ab 15 Uhr, Eintritt 100 NOK) allabendliche Jazzkonzerte Marke Mainstream (Mo, Fr, So ab 22 Uhr, Do ab 20 Uhr, Di/Mi ab 21 Uhr), und samstags lockt ab 16 Uhr das Jazzcafé.

›Die‹ Konzertarena für alle Genres ist allerdings das 1500 Plätze große **Rockefeller** 5 (Torggata 16, www.rockefeller.no, So–Do 20–3.30, Fr/Sa ab 21 Uhr), auch wenn der Schwerpunkt auf Rock liegt. So auch im angeschlossenen John Dee, dem Liveclub des Rockefeller (Eingang um die Ecke in der Henrik Ibsens gate), wo die Konzerte So–Do um 21.30 und Fr/Sa um 22.30 Uhr beginnen.

Musik auf CD und Vinyl

Bei dem **Bare Jazz** 1 (Grensen 8, www.barejazz.no) handelt es sich um Oslos erste Musikshop-Adresse für Jazz, und in der 2. Etage kann man im ebenso kleinen wie gemütlich und mit Fotos von Jazzgrößen dekorierten ›Nur Jazz‹-Café zu Jazz aus dem Hintergrund relaxen. **Sound of Noise** 2 (Youngsgt. 11, www.soundofnoise.net) stellt sich als der größte Heavy Metal-Musikshop des Landes vor, und immer wieder trifft man hier auch Szenemusiker.

Man kann auch online einkaufen, ebenso wie im **Shadowland** 3 (Storgata 9, www.shadowland.no), laut Eigendarstellung »Norway's only specialist in gothic, synthpop, ebm and industrial genres«. Die Auswahl ist umwerfend, oft gibt es Special Offers zu Schnäppchenpreisen, und Website sowie Lokal informieren auch über entsprechende Konzerte in Oslo. Nicht anders auch **Big Dipper Records** 4 (Torg gata 16, www.bigdipper.no), wo sich aber alles um Pop & Rock, Indie, 60's, Punk sowie auch Reggae und Electronika dreht.

Alle Hände voll zu tun: DJ bei der Arbeit in einem Osloer Club

Altersgrenze für Musikpubs und Konzerte

Die beiden Lokale Stortorvets Gjæstgiveri sowie das Jazzcafé von Herr Nilsen Jazzclubb dürfen auch von Teenies betreten werden. Ansonsten aber herrscht eine Altersgrenze von 18 Jahren, die an den Wochenenden in der Regel auf 22 Jahre erhöht wird. Ins Garage wird man dann sogar erst ab einem Alter von 23 Jahren eingelassen – strenge Ausweiskontrollen sind die Regel.

Öffnungszeiten der Shops

Mo–Fr 11–18, Sa 12–15 Uhr sind die meisten Geschäfte geöffnet – Ausnahme: Shadowland (Mi geschl.), das Bare Jazz ist Mi–Sa länger geöffnet, bis 24 Uhr.

4 | Oslos Schokoladenseite – die Aker Brygge

Karte: ▶ G 5 | **Anfahrt:** Straßenbahn 12 Aker brygge

Was wäre schöner als ein Rendezvous in heller Sommernacht auf der im Stil der Londoner Docklands ausgestatteten Aker Brygge! Dann liegt Goldlicht auf dem Fjord, spiegelt sich in den schimmernden Glastürmen des ehemaligen Werftgeländes und bringt die Festungswälle der gegenüber aufragenden Stadtburg Akershus zum Glühen.

Spaß an der Vergangenheit und Lust auf die Zukunft

Dieser Zweiklang durchtönt ganz Oslo, wie man vielleicht nirgends besser gewahr wird als auf der Schokoladenseite der Stadt, ihrer Front zum Oslofjord. Dort nämlich, am Hafenbecken, hat man schon seit den 1980er-Jahren den Triumphzug des Containers und den Niedergang des Werftgeschäftes nicht als Katastrophe verstanden, sondern als Chance. Dies fand seinen Niederschlag insbesondere in der Aker Brygge. Das ehemalige Werftgelände beim Rathaus wurde zu einem einzigartigen Wohn-, Handels- und Restaurantcenter umgewandelt, während die Hauptverkehrsadern in Tunnel verlegt wurden.

Übrigens: An der Uferstraße, bei der Rådhusbrygge 3, legen morgens rund ums Jahr ein paar Fischerboote des **Indre Oslofjord Fiskerlag** 1 (Mo–Sa ab 8 Uhr) an, die fangfrische Krabben verkaufen. Die Angebote gelten, solange Ware an Bord ist (in aller Regel bis wenigstens 15 Uhr). Wer sich einen zünftigen Proteinsnack gönnen will, kann dort eine Tüte *reker* (Garnelen) erstehen. Dann ab auf die Hafenmauer zum Pulen und sich so einen Durst verdienen, den man am besten in einem der Kai-Cafés der angrenzenden Aker Brygge löscht.

Schmelztiegel der Freizeitlust

Schon von weitem unverkennbar durch ihre postmodernen Glitzerfassaden, ragt die mit allem Brimborium im Stil der Londoner Docklands überreich ausgestattete Aker Brygge auf. Im Gegensatz zu ihrem englischen Gegenstück aber dient sie mit ihren schwimmenden Kai-Cafés und durchgestylten Restaurants, Designerclubs und coolen Bars auch den ›ganz normalen‹ Städtern als Schmelztiegel der Freizeitlust, und alltäglich quillt die Uferstraße Stranden förmlich über von Menschen, herrscht fast südländische Stimmung. Auf schwimmenden Plattformen oder auf dem Kai wird Eis geschleckt, ausrangierte Ausflugsboote bieten sich als Restaurants an, in luxuriösen Shoppingarkaden machen sich edle Boutiquen Konkurrenz, und aus Kneipen, Pubs und Nightklubs, über hundert an der Zahl, dröhnt Dixie oder Freejazz, Norwegen-Pop oder auch mal Klassisches nach draußen, wo sich die Straßencafés aneinanderreihen und auf Freilichtauktionen Kitsch und Kunst unter den Hammer kommen.

Fjordfahrten

Die traumhafte Lage von Oslo genießt man besonders entspannt im Rahmen einer Fjordfahrt, die von Mitte Mai bis Mitte Sept. u. a. von **Båtservice AS** 1 (Tel. 23 35 68 90, www.boatsightseeing.com) ab der Rådhusbrygge angeboten wird. Im Angebot stehen eine Minikreuzfahrt (50 Min., 170 NOK) und eine Miditour (2 Std., 240 NOK), aber am stilvollsten und romantischsten ist die im Sommer an jedem Abend um 19 Uhr beginnende Windjammer-Fjordkreuzfahrt ›Norwegischer Sommerabend‹ mitsamt Krabbenbuffet (3 Std., 395 NOK).

Essen und Trinken

Das ›D/S‹ des **D/S Louise** 1 (Stranden 3, Tel. 22 83 00 60, www.dslouise.no, Mo–Sa 11–23 Uhr) steht für Dampfschiff, entsprechend maritim ist das Outfit, aber am schönsten sitzt man draußen. Es geht locker und informell zu, serviert werden norwegische und internationale Gerichte. Zur Lunchzeit ist beispielsweise der Bryggens étagère (kalte Platte, u. a. mit Käse und Chorizo, Gazpacho und Schinken, Garnelen und Pilzen, 245 NOK) populär, und Empfehlung des Hauses zum Abendessen *(middag)* ist u. a. das mit Wasabi-Butter gebackene Lachsfilet (230 NOK).

Geht's um Fisch und Meeresfrüchte, dann nichts wie ins **Lofoten Fiskerestaurant** 2 (Stranden 75, Tel. 22 83 08 08, www.lofoten-fiskerestaurant.no, Mo–Sa 11–23, So 12–22 Uhr, Tischreservierung empfohlen). Im Sommer wird auch draußen serviert, und die Speisekarte (Lunch 100–350 NOK, Hauptgerichte 200–320 NOK) variiert mit den Jahreszeiten. Kenner schätzen den gebackenen Heilbutt (315 NOK), und will man Meeresfrüchte naschen, empfiehlt sich die Porte Plateau Lux (595 NOK).

5 | Peace on Earth – das Nobel-Friedenszentrum

Karte: ▶ G/H 4 | **Anfahrt:** Straßenbahn 12 Aker brygge

Der schwedische Industrielle Alfred Nobel und der von ihm gestiftete Friedensnobelpreis, der seit 1901 alljährlich in Oslo verliehen wird, haben die Welt nachhaltig verändert, wenn auch nicht befriedet. Diese beide Themen sind Schwerpunkte des weltweit einzigartigen Nobel-Friedenszentrums.

Für Frieden und Brüderlichkeit der Völker

Jahr für Jahr am 10. Dezember ist es wieder so weit: Demjenigen, »der am meisten oder besten für die Verbrüderung der Völker gewirkt hat und für die Abschaffung oder Verminderung der stehenden Heere sowie für die Bildung und Beförderung von Friedenskongressen«, überreicht man eine Goldmedaille mit der Aufschrift »Pro pace fraternitate gentium« (»Für Frieden und Brüderlichkeit der Völker«) sowie einen Scheck mit einer veritablen Summe: den Friedensnobelpreis. Es schließt sich die Nobel Lecture an (Ansprache der Preisträger), und den Abschluss des Abends bildet ein Bankett in kleiner Runde. Ein großes Fest wie in Stockholm, wo die übrigen Nobelpreise (für Chemie, Physik, Medizin, Literatur sowie Wirtschaft) verliehen werden, ist der Tag in Oslo nicht. Die Preisverleihung findet im Rådhus (s. S. 40) statt. Das 2005 anlässlich der Feiern zur 100-jährigen Selbständigkeit Norwegens vis-à-vis des Rathauses eröffnete **Nobel Fredssenter** 1 zeigt eine ständige Ausstellung zu den Arbeiten der bisherigen Friedensnobelpreisträger.

Mit oder ohne Beifall

1901 nahm das Preisrichterkomitee (das alle sechs Jahre nach Parteienproporz vom Storting gewählt wird) in Oslo die Arbeit auf, und der Erste, der für würdig erachtet wurde, den Friedenspreis zu erhalten, war Henri Dunant, Begründer des Roten Kreuzes. Gegenstimmen gab es keine, der Beifall der Weltöffentlichkeit war einhellig, wie auch bei vielen anderen Preisträgern (u. a. Albert Schweitzer 1952; Martin Luther King 1964; Mutter Teresa 1979). Andere Entscheidungen freilich waren stark umstritten, und oft schon musste sich das Komitee den Vorwurf der Einmischung in die internationale Politik gefallen lassen. So zuletzt geschehen im Jahre 2009, als hier der amerikanische Präsident Barack Obama geehrt wurde. Aber gegen solche Angriffe ist man in Oslo gefeit, wie man es auch gelassen hinnahm, als etwa die Chinesen mit Boykott drohten, als 1989 der Dalai Lama ausgezeichnet wurde.

Es geht um den Frieden

»Manchmal können wir, die kleinen Länder, ein wenig verändern in dieser Welt«, sagte der Vorsitzende des Komitees 1987 in seiner Ansprache zur Ehrung von Costa Ricas Präsident Arias. Und nichts anderes ist Hauptziel der norwegischen Außenpolitik: einen größtmöglichen Beitrag zur demokratischen Entwicklung und zur Einhaltung der Menschenrechte auf diesem Planeten zu liefern.

Diesen Themen sind im Friedenszentrum wechselnde Ausstellungen gewidmet, darüber hinaus werden Hintergründe zum Nobelpreisstifter Alfred Nobel gegeben sowie zu aktuellen Konfliktherden auf der Welt, und alles in allem gibt es in dieser didaktisch vorbildlich aufgebauten Ausstellung genug zu lesen, sehen und zu lernen für mindestens einen halben Tag.

Das Rathaus

Im Rahmen von Führungen durch das 1950 eröffnete **Rådhuset** 2 wird auch die Tür zu jenem Saal geöffnet, in dem jedes Jahr am 10. Dezember die Friedensnobelpreise verliehen werden. Die Innenausstattung, an der die bedeutendsten norwegischen Bildhauer, Maler und Textilkünstler der ersten Hälfte des 20. Jh. beteiligt waren, gilt als ansprechend, so die einhellige Meinung. Doch an dem äußerst imposanten bzw. – wie andere sagen – ausgesprochen bulligen Backsteinkomplex des Rathauses selber, das von zwei über 60 m hohen Türmen flankiert wird, scheiden sich die Geister.

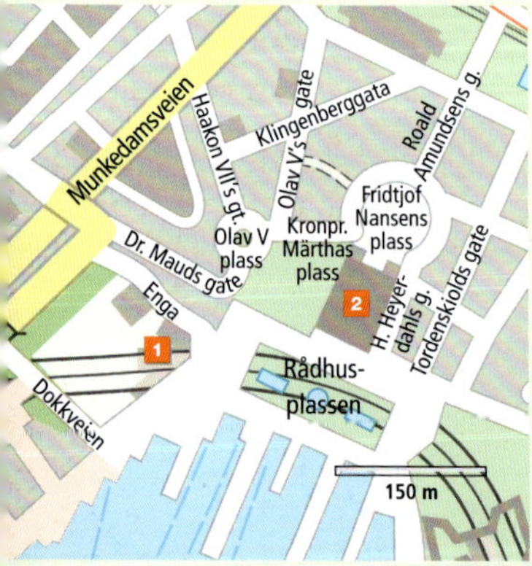

Öffnungszeiten

Nobel Fredssenter: Vestbanen/Rådhusplassen, www.nobelpeacecenter.org, Juni–Aug. tgl. 10–18, sonst Di–Fr 10–18 Uhr, Führungen auf Englisch nur Sa/So um 15 Uhr, Eintritt 80 NOK.
Rådhuset: Fridtjof Nansens plass, Mo–So 9–18 Uhr, Führungen Mo, Mi 10, 12, 14 Uhr, Sommer tgl., Eintritt frei.

Essen und Trinken

Restaurants findet man im Bereich der gegenüber vom Rathaus gelegenen Rådhusbrygge (s. S. 37) oder der angrenzenden Aker Brygge (s. S. 38).

6 | Auf den Bastionen – die Festung Akershus

Karte: ▶ H/J 5/6 | **Anfahrt:** Straßenbahn 12 Christiania torv

Gegensätze ziehen sich an, und das harmonische Zusammenspiel alter und neuer Bausubstanz macht den ganz besonderen Reiz des Panoramas aus, das man von den Wällen der alten Stadtburg aus genießen kann, die zu einem Gang durch 800 Jahre Stadtgeschichte einlädt.

Oslos Front zum Oslofjord wird von zwei Polen geprägt: Ragen im Westen die postmodern schimmernden Glastürme der Aker Brygge (s. S. 37) auf, so setzt im Osten der ›Kulturleuchtturm‹ der Oper (s. S. 44) futuristische Akzente. Zwischen dem gläsernen Architekturensemble da und den weiß aus der Bjørvika aufsteigenden Marmorklippen dort zieht sich die Uferpromenade Akershusstranda mit vor Anker liegenden Kreuzfahrtschiffen, Frachtern und vor allem auch prachtvoll herausgeputzten Veteranenbooten entlang der Fjordküste, die auf die Museumsinsel Bygdøy (s. S. 46) blickt. Selbst das Rathaus mit seinen Turmzähnen fügt sich, aus dieser Distanz betrachtet, recht harmonisch ins Bild, und auch das Bollwerk selbst stellt sich mit gleich mehreren Sehenswürdigkeiten als Highlight vor.

Palastburg und Schloss

Im Jahre 1299 übertrug Håkon V. die Residenzfunktion von Bergen auf Oslo. Im gleichen Jahr ließ der Herrscher auch den Grundstein für die Akershus-Festung legen, die ab 1304 als Palastburg fungierte. Während der Regierungszeit Christians IV., der der Stadt im 17. Jh. auch einen neuen, nämlich seinen Namen gab – Christiania –, wurde die Bastion im Stil der Renaissance zum **Akershus-Slott** 1 umgebaut.

Insgesamt neun Mal wurde die Festung angegriffen, ist aber nie eingenommen worden. Zu sehen gibt es u. a.

Übrigens: Jeden Tag können Sie die Wachablösung der Königlichen Garden vor dem Schloss der Akershus-Festung verfolgen, die hier (sowie am Königlichen Schloss, s. S. 30) um 13.30 Uhr stattfindet.

prächtig ausgestattete Prunksäle, die der Regierung auch heute noch zu Zwecken der Repräsentation dienen, die alte Schlosskirche sowie das königliche Mausoleum.

Das **Akershus-Informasjonssentrum** 2 führt auf einen Streifzug durch die 800-jährige Geschichte der reich begrünten historischen Wehranlage.

Im Namen der Freiheit

Im Arsenalgebäude auf dem Schlosshof ist das **Forsvarsmuseet** 3 untergebracht, dessen Thema die Militärgeschichte Norwegens von der Wikingerzeit bis in die 1950er-Jahre ist. Gerade auch der Zweite Weltkrieg, als Norwegen im Rahmen der Operation ›Weserübung‹ von Nazideutschland angegriffen und eingenommen wurde, wird detailliert behandelt, insbesondere der Seekrieg im Nordatlantik, den das Verteidigungsmuseum in spannender Weise nachzeichnet.

Nüchtern und bar jeden Hasses erinnert das Widerstandsmuseum, **Hjemmefrontmuseet** 4 mit Fotos und Dokumenten, Plakaten und Zeitungen, Tonaufnahmen und Modellen an den Widerstand gegen die deutschen Besatzer und deren Gräueltaten nicht nur in Norwegen. Der Standort ist trefflich gewählt: Auf dem Platz davor fällte ein deutscher Marinerichter seine Todesurteile über 42 norwegische Patrioten.

Auf den Bastionen von Akershus kann man heute friedlich die Aussicht genießen

Öffnungszeiten

Akershus slott og festning: www.akershusfestning.no, Festungsgelände (mit Bastionen) tgl. 6–21 Uhr, Eintritt frei.

Akershus-Informasjonssentrum: Mai–Aug. Mo–Fr 10–16, Sa/So ab 12.30–16, sonst Sa/So 12–17 Uhr, Eintritt frei; Schloss: Mai–Aug. Mo–Sa 10–16, So 12.30–16 Uhr, sonst nur im Rahmen von Führungen (jeden Do um 13 Uhr auch auf Englisch), Eintritt 65 NOK.

Hjemmefrontmuseet: www.nhm.mil.no, Juni–Aug. Mo–Sa 10–17, So 11–17, sonst Mo–Fr 10–16, Sa/So 11–16 Uhr, Eintritt 50 NOK.

Forsvarsmuseet: www.fmu.mil.no, Mai–Aug. Mo–Fr 10–17, Sa/So 11–17, sonst Di–Fr 11–16, Sa/So 11–17 Uhr, Eintritt frei.

Geführte Geistersuche

Wie die beiden Fremdenführerinnen Kristin Amundsen und Reidun Falk von **Oslo City & Nature Walks** (s. S. 72) zu berichten wissen, hallen nachts mitunter Schreie durch die Gemäuer der Festung Akershus. Auch in alten Gassen gibt es Winkel mit unerklärlichen Schatten nicht nur zur Geisterstunde. Diesen Phänomenen geht man im Rahmen der im Sommer regelmäßig durchgeführten ›Ghost Walks‹ nach (2 Std., 100 NOK/Pers.).

Lohnend in der Umgebung

Eine Brücke über die Kongensgate führt aus dem Bollwerk hinaus zum nahe gelegenen Bankplassen mit dem **Museet for Samtidskunst** 5 (s. S. 76), das sich der Gegenwartskunst widmet, sowie dem **Norsk Arkitekturmuseum** 6 (s. S. 76), dessen Schwerpunkt die weltberühmten Stabkirchen, die als Norwegens eigenständiger Beitrag zurArchitekturgeschichte der Welt gelten, bilden.

Essen und Trinken

Innerhalb der Festungsmauern bietet die dem Forsvarsmuseet angeschlossene **Cafeteria** Erfrischungen an. Wesentlich schöner sitzt man draußen oder im gemütlich-rustikalen Innenraum des **Engebret** 1 (Bankplassen 1, Tel. 22 82 25 25, www.engebretcafe.no, Mo–Fr 11–23, Sa ab 17 Uhr, Tischreservierung empfohlen). Schon seit 1857 ist das Restaurant Engebret eine der ersten Anlaufstellen in Oslo für allerfeinste norwegische Küche, ganz zart französisch angehaucht. Spezialitäten sind Fisch und Meeresfrüchte (200–350 NOK) sowie im Herbst auch Wildgerichte (ca. 450 NOK); Vorspeisen (sehr empfehlenswert sind u. a. die Dorschzungen) kosten von etwa 120 NOK an aufwärts.

7 | Marmorklippen am Oslofjord – das Opernhaus

Karte: ▶ J/K 5 | **Anfahrt:** U-Bahn Jernbanetorget

Dass Oslo auch ein bisschen das ›Abu Dhabi des Nordens‹ ist, verdankt es der Opera, die als spektakulärer Blickfang aus Glas und Carrara-Marmor in Form eines treibenden Eisberges aus dem Hafenbecken der Bjørvika emporragt. Oslos Opernhaus soll symbolisch für Norwegen stehen, und so kommt es nicht von ungefähr, dass man ihm über eine Rampe aufs Dach steigen kann.

Kultur-Leuchtturm des Nordens

Die nach einer fünfjährigen Bauzeit fertig gestellte **Opera** 1 will als Ausdruck ›horizontaler Monumentalität‹ verstanden werden und stellt mit Abmessungen von 207 m Länge und 110 m Breite sowie einem Kostenaufwand von rund 520 Mio. Euro das größte Kulturprojekt dar, das Norwegen je gewagt hat. Es gilt als eines der architektonisch ansprechendsten Bauwerke auf Erden und wurde auf dem World Architecture Festival in Barcelona gleich nach seiner Eröffnung zum »Kulturgebäude der Welt 2008« erkoren.

Die schönste Oper der Welt

Entworfen wurde die Oper vom norwegischen Architekturbüro Snøhetta, das schon die neue Bibliothek von Alexandria in Ägypten konzipiert hatte, und hier wie dort wurde eine Symbiose mit der Landschaft angestrebt. Aber auch symbolisch für Norwegen will sie stehen, diese, wie es heißt, schönste Oper der Welt, weshalb man, so die Architekten, auf vertikale und maskuline Formen verzichtet und das Bauwerk ungewöhnlich zugänglich konstruiert habe: So kann man ihr über eine Marmorrampe hinweg auf das Marmordach steigen. Dies aber nicht, um die Muse mit Füßen zu treten, sondern vielmehr um anzuzeigen, dass es in Norwegen keine Trennung zwischen dem Volk und seiner Kultur gibt, dass das eine nicht ohne das andere existieren kann. Den Aufstieg sollte man sich gönnen, denn die Perspektiven, die man zu sehen bekommt, sind ebenso beeindruckend wie das Panorama auf die Hafenbucht, die Stadt sowie die Bastionen der Akershus-Festung (s. S. 41), die gegenüber mittelalterliche Akzente setzt.

Bühne für Opern und Ballett

Aber auch ein Besuch im 38 500 m^2 großen Innern, wo sich mehr als 1500 Räume öffnen, ist ein Erlebnis für die Sinne. Als Prunkstück gilt dort der ganz mit deutscher Eiche ausgestattete Große Saal, angeblich der schönste Opernsaal der Welt.

Insgesamt können sich in dieser größten Musik-Institution des Landes rund 2000 Zuschauer an klassischen Opern- und Ballettaufführungen erfreuen. Das einzig Bedauernswerte ist, dass während der Hochsaison Mitte Juni bis Anfang September gerade Sommerpause herrscht und keine Aufführungen stattfinden.

Öffnungszeiten

Den Norske Opera & Ballett: Kirsten Flagstads plass 1, www.operaen.no, Mo–Fr ab 10, Sa ab 11, So ab 12 Uhr, Führungen im Sommer in der Regel tgl. um 14 Uhr auf Englisch, sonst nur Sa/So, 100 NOK. Die Vorstellungen beginnen meist zwischen 18 und 20 Uhr, Tickets sollte man im Vorverkauf bestellen (Tel. 81 54 44 88).

Multikulti

Das in Besitz des alternativ angehauchten Nordic Black Theatre stehende Theaterboot **MS Innvik** 1 (Langkaia, Bjørvika, Tel. 22 41 95 00, www.msinnvik.no) versteht sich als Oslos schwimmendes multikulturelles Zentrum. Es liegt am Langkai der Bjørvika gegenüber der Oper vor Anker. Zum Angebot gehören Konzerte und Theatervorführungen, aber auch Theaterschule, Kinder-Reggae-Disko, Trommelkurse, Arabische Nächte …

Lohnend in der Umgebung

Dem internationalen Kunstschaffen von Gegenwartskünstlern gewidmet ist das private **Astrup Fearnley Museet for Moderne Kunst** 2 (Dronningens gate 4, www.afmuseet.no, Di, Mi, Fr 11–17, Do 11–19, Sa/So 12–17 Uhr, Eintritt frei). Der Kenner wird an dieser ambitionierten Ausstellung seine helle Freude haben, denn der Museumskatalog liest sich wie ein Who's Who der Kulturelite der Nachkriegszeit. So sind auch Andy Warhol und Sigmar Polke vertreten. Das Juwel der Sammlung ist Jeff Koons' »Michael Jackson and Bubbles«. Informationen über die Kunstwerke kann man hier zum Teil per Handy abrufen (Text auf Norwegisch und Englisch). Der angeschlossene Museumsshop gilt Kennern als der bestsortierte Kunstbuchladen der Stadt.

8 | Museumsbummel und Badespaß – die Halbinsel Bygdøy

Karte: ▶ A–D 4–8 | **Anfahrt:** Bus 30: Bygdøy oder Boot 91: Dronningen

Der Badespaß beginnt in Oslo mitten in der Stadt auf dem strand-, wald- und wiesenreichen Refugium Bygdøy, das aus gegebenem Anlass auch als Museumsinsel bekannt ist – was wäre schöner, als einen Bummel durch Norwegens bedeutendste und auch meistbesuchte Museen am Meer ausklingen zu lassen?

Oslo ist eine Stadt der Gegensätze, und diese Kontraste sind es auch, die einen Aufenthalt zum Erlebnis werden lassen. Zwei Kilometer sind es von der Aker Brygge bis Bygdøy, einer Halbinsel im Oslofjord: üppige Rosengärten vor weißen Luxusvillen aus Holz, weidende Kühe auf sattgrünen Wiesen, Eichenwälder, Badestrände sowie – und deshalb vor allem kommen die Touristen hierher – die bedeutendsten Dokumentationen norwegischen Volkstums sowie der großen Vergangenheit dieser Nation.

Vikingskipshuset

Das in einem kirchenähnlichen Gebäude untergebrachte **Wikingerschiff-Museum** 1 gilt seit seiner Eröffnung 1926 als das meistbesuchte des Landes. Ehrfürchtig schieben sich die Besuchermassen durch die lichtdurchflutete Halle auf das berühmte Oseberg-Schiff zu, das 1904 in einem Grabhügel am westlichen Oslofjord bei Tønsberg gefunden wurde. Es wurde um 820 erbaut, 834 dem Grab der Königin Åsa beigelegt und gilt zusammen mit anderen Gaben, die man der Königin auf ihre Reise ins Reich der Toten mitgegeben hatte (u. a. ein mit Schnitzereien verzierter Wagen, drei Prachtschlitten), als der reichste Grabfund aus der Wikingerzeit in Norwegen. Angesichts der nahezu kultischen Präsentation dieses 22 m langen und 5 m breiten Prunkstücks der Ausstellung versteht man, welch herausragende Bedeutung die Wikingerzeit, die dem Land den heroischen Höhepunkt seiner Geschichte brachte, für die Norweger noch heute hat.

In zwei 1932 angebauten Seitenflügeln sind das 1880 bei Sandefjord gefundene Gokstad-Schiff und das 1876 bei Fredrikstad ausgegrabene Tune-Schiff zu besichtigen. Das **Gokstad-Schiff** gilt als ein Wunder an Seetüchtigkeit, wie der spätere norwegische Seefahrtdirektor Magnus Andersen nachwies: 1893 fuhr er mit der Viking, einer exakten Kopie des Schiffes, von Norwegen aus innerhalb von 28 Tagen über den Atlantik, um an der Weltausstellung in Chicago teilzunehmen. Der schnittige Bootskörper misst rund 24 x 5 m, hatte 16 Ruderpaare, ein Segel von wahrscheinlich 110 m² Fläche und machte damit, wie man berechnete, gut und gerne 12 Knoten Fahrt, also immerhin gut 20 km/h. Der bislang letzte Gokstad-Nachbau, die Gaia, querte 1990 den Atlantik und wird heute noch von Enthusiasten genutzt.

Übrigens: Im Telemarkstunet des Norsk Folkemuseum werden Ende Juni–Mitte Aug. tgl. 10–18 Uhr norwegische Folkloremusik und Tänze aufgeführt (u. a. tgl. 12.30 Uhr Kinderprogramm, ab 13.45 Uhr traditionelle Hochzeit). Die Folkloredarbietungen der Norsk Folkemuseums Dansegruppe finden Mitte Mai–Mitte Sept. sonntags um 14 Uhr statt. Das Ensemble, das 2004 50-jähriges Jubiläum feierte, wurde 1980 als erste skandinavische Tanzgruppe mit dem Europäischen Volkskunstpreis ausgezeichnet.

Norsk Folkemuseum

Das **Volkskundemuseum** 2, das 1894 als erstes Freilichtmuseum des Königreichs eröffnet und bald darauf mit einem ethnografischen Landesmuseum verbunden wurde, vermittelt ein ebenso großartiges wie umfassendes Bild norwegischer Kultur aller Jahrhunderte. In der Freilichtabteilung finden sich über 155 Gebäude, die aus dem ganzen Land zusammengetragen und hier auf einer Fläche von über 14 ha wieder aufgebaut wurden: Stadthäuser und Bauernhöfe, Speicher und Fischerhütten ebenso wie Kirchen, darunter die Stabkirche von Gol, das Kleinod der Ausstellung, die um 1170 erbaut und 1881 auf Veranlassung von Oscar II. aus Gol im Hallingdal hierher gebracht wurde.

Das Verschiedenartige der Jahrhunderte und Landschaften zeigt sich aber auch im Innern der Häuser, in denen Hausrat, Werkzeug und sakrale Kunstgegenstände ausgestellt sind. Im Rahmen eines Spaziergangs kann man hier eine kulturhistorische Reise durch 800 Jahre Geschichte antreten und nebenbei u. a. Volkstanz- und Volksmusikaufführungen sowie Vorführungen des traditionellen Handwerks erleben. Um sich auch nur einen ungefähren Überblick über dieses, wie es heißt, besuchenswerteste Museum des Landes zu verschaffen, sollte man mindestens einen halben Tag Zeit mitbringen und möglichst den Museumsführer (auch auf Deutsch erhältlich) erstehen.

Oslos Strandsensationen

Von der Bushaltestelle des Norsk Folkemuseum sind es mit Bus Nr. 30 wenige Fahrminuten zur Endstation **Huk** 1 an der gleichnamigen Badebucht, dem populärsten Badeplatz der Stadt mit Felsküste, Wiesenufer und drei Sandstränden (am westlichsten Strand ist FKK gestattet). Häufig kommt es zu spontanen Strandvolleyball-Wettkämpfen. Es gibt u. a. Duschen, Toiletten und Trinkwasser. Strand Nr. 2 auf Bygdøy ist die von der Bushaltestelle Huk aus wenig mehr als 500 m entfernte **Paradisbukta** 2 mit

Sand-/Steinstrand, guten Bademöglichkeiten nebst Duschen und Toiletten sowie einem Kiosk. Der Strand ist auch bei Schwulen und Lesben beliebt, doch eigentlicher Gay-Strand ist der weiter nördlich angrenzende **Homolulu** 3.

Öffnungszeiten

Norsk Folkemuseum: Museumsveien 10, www.norskfolkemuseum.no, Mitte Mai–Mitte Sept. tgl. 10–18, sonst Mo–Fr 11–15, Sa/So 11–16 Uhr, Eintritt 100 NOK.
Vikingskipshuset: Huk Aveny 35, www.khm.uio.no, Mai–Sept. tgl. 9–18, sonst 10–16 Uhr, Eintritt 60 NOK.

Essen und Trinken

Viel Lob wegen der guten norwegischen Küche für relativ wenig Geld bekommt das **Café Arkadia im Norsk Folkemuseum,** während am Strand von Huk das Strandrestaurant **Hukodden** 1 (tgl. 12–23 Uhr) fürs leibliche Wohl sorgt. Am schönsten (und teuersten) aber kann man den Bygdøy-Besuch im Inselrestaurant **Lille Herbern** (s. S. 51) ausklingen lassen. Nur wer mit dem *bysykkel* an- oder abradelt oder einen etwa 1 km langen Fußweg nicht scheut, kann auch das charmante Sommercafé **Rødeløkken** 2 (Wedelsvei 1, Mai–Sept. tgl. 11–18 Uhr) besuchen, das berühmt ist für Fjordsicht sowie Waffeln (30 NOK) mit Marmelade und Brunost (s. S. 115).

Einkaufen im Museum

Wer typisch Norwegisches sucht, muss einfach mal die **Museumsbutikk** des **Norsk Folkemuseum** durchstöbert haben. Die größte Auswahl an Wikingerschmuckkopien im Königreich bietet der **Shop** des **Vikingskipshuset.**

Sehenswertes in der Nähe

Oscarshall (s. S. 72), das Mitte des 19. Jh. erbaute Lustschloss u. a. mit einem Park am Fjordufer, liegt wenige Gehminuten von den beiden Museen ebenfalls an der Route des Bus Nr. 30. Einen Besuch lohnen auch das **Fram-,** das **Kon-Tiki-** (s. S. 49, 50) und das **Norsk Sjøfartsmuseum** (s. S. 51).

Bygdøy per Fahrrad

Von der *bysykkel*-Fahrradstation (s. S. 25) vor dem Norsk Folkemuseum lassen sich die Strände radelnd erkunden. Aber auch für die rund 5 km lange Anfahrt (und/oder Abfahrt) ist das Fahrrad wie geschaffen. Die am günstigsten gelegene Fahrradstation im Stadtzentrum ist am Vestbaneplass beim Nobel-Friedenszentrum (s. S. 39). Wegen der vielen Passanten geht es schiebend entlang dem Kaiweg Stranden, dann über die kleine Kanalbrücke, bevor Frognerstranda, Norwegens meistfrequentierter Radweg, erreicht ist, der 1,5 km weiter nach Bygdøy hinüberführt.

9 | Norwegische Sternstunden – Fram- und Kon-Tiki-Museum

Karte: ▶ D 6 | **Anfahrt:** Bus 30 oder Boot 91: Bygdøynes

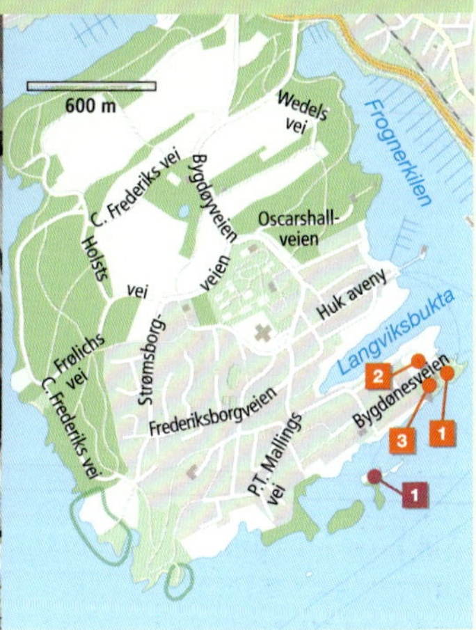

Norwegens Beitrag zur Entdeckungsgeschichte der Welt ist einzigartig, und wer sich für die Bezwingung der Polarregionen interessiert, muss das Fram-Museum einfach gesehen haben. Kleinod der Ausstellung ist das namengebende ›stärkste Schiff seiner Zeit‹, während das angrenzende Kon-Tiki-Museum den legendären Fahrten von Thor Heyerdahl gewidmet ist.

Frammuseet

Steil und weiß ragt das extrem hochgezogene Dreiecksdach des **Fram-Museums** 1 am Fjordufer von Bygdøy auf. Es soll an die weltberühmte Eisdrift der Fram erinnern, mit der 1893 der berühmte Polarforscher und spätere Gesandte sowie Friedensnobelpreisträger Fridtjof Nansen aus dem Oslofjord auslief und Kurs auf Nord nahm, in der Hoffnung, den Nordpol zu erreichen. Sein Plan war es, sich von der Meeresströmung an den Pol treiben zu lassen. Zu diesem Zweck ließ er das 35 m lange Schiff aus Eiche, das gegen den Eisdruck unter der Wasserlinie mit Kupfer beschlagen war, vor der sibirischen Küste einfrieren. Doch die Drift misslang, weshalb Nansen zusammen mit seinem Begleiter Hjalmar Johansen zu Fuß nach Norden marschierte. Am 7. April 1885 kamen sie bis an 86°14′ nördlicher Breite heran, den nördlichsten bis dahin von einem Menschen erreichten Punkt. 1896 kehrte Nansen mit der Fram wieder nach Oslo zurück.

Zwei Jahre später nutzte Otto Sverdrup das »stärkste Schiff seiner Zeit«, um die Region nordwestlich von Grön-

Im Kon-Tiki-Museum: Nachbau eines altägyptischen Papyrusbootes

land zu entdecken und zu kartieren. Auch Roald Amundsen, der am 14. Dezember 1911 als erster Mensch den Südpol bezwang, bewältigte seine Antarktisreise mit dem dickbäuchigen Dreimastschoner. Das im Fram-Museum konservierte Schiff darf man betreten und auch von innen betrachten.

In der lichtdurchfluteten Halle werden außerdem Fotos und Ausrüstungsgegenstände sowie Karten von den Polarfahrten ausgestellt, Zeitungsausschnitte hängen an den Wänden, und vor dem Fram-Haus aufgebockt ist die Gjøa, das Schiff, mit dem Amundsen 1903 bis 1906 als erster die berüchtigte Nordwestpassage bezwang.

Kon-Tiki Museet

Gegenüber dem Fram-Museum liegt das **Kon-Tiki-Museum** 2, in dem das Balsaholzfloß Kon-Tiki aufgebaut ist, auf dem sich der norwegische Zoologe und Anthropologe Thor Heyerdahl zusammen mit fünf Gefährten im Jahre 1947 in 101 Tagen von Peru nach Polynesien treiben ließ (4200 Seemeilen), um zu beweisen, dass Altperuaner schon z. Zt. unseres Mittelalters im Stillen Ozean gekreuzt sein könnten. In der Halle sind außerdem Gebrauchsgegenstände aus Südamerika und Polynesien sowie Steinskulpturen von der Osterinsel ausgestellt.

In der Nachbarhalle befindet sich das Papyrusboot Ra II, der Nachbau eines Schiffes aus dem alten Ägypten, auf dem Thor Heyerdahl mit einer siebenköpfigen Mannschaft 1970 von Marokko aus in 57 Tagen den Atlantik überquerte.

Zum 60-jährigen Jubiläum der Kon-Tiki-Expedition richtete man im Sommer 2007 interessante Ausstellungen und Aktivitäten ein, und wer sich für

›Abenteuer in unserer Zeit‹ interessiert, wird norwegenweit kein Pendant zu dieser Sammlung finden.

Norsk Sjøfartsmuseum

Bleibt das **Norwegische Seefahrtsmuseum** 3, das die Geschichte der norwegischen Navigation von den Anfängen bis zur Gegenwart durch Modelle, Karten, Gemälde und maritime Ausrüstungen darstellt. Eine Fischereiabteilung ist angeschlossen, und auch über den Walfang und die norwegischen Walfangaktivitäten, die erst in den 1960er-Jahren endeten (ausgenommen Zwergwale) wird informiert, doch es fehlt an selbstkritischer Einsicht, welch irreparablen Schaden die Schrapnellharpunen der Norweger den Meeresbewohnern zugefügt haben.

Öffnungszeiten

Frammuseet: www.fram.museum.no, Juni–Aug. tgl. 9–18, Mai/Sept. 10–17, sonst 10–15 Uhr, Eintritt 60 NOK.
Kon-Tiki Museet: www.kon-tiki.no, Juni–Aug. tgl. 9.30–17.30, Sept., April, Mai 10–17, sonst 10.30–15.30 Uhr, Eintritt 60 NOK.
Norsk Sjøfartsmuseum: www.norsk-sjofartsmuseum.no, 15. Mai–31.Aug. tgl. 10–18, sonst 10–16 Uhr, Eintritt 60 NOK.

Sehenswertes in der Nähe

Nur wenige Gehminuten von der Museums-Trinität entfernt, laden mit dem **Norsk Folkemuseum** (s. S. 47) und dem **Vikingskipshuset** (s. S. 46) die bedeutendsten Dokumentationen norwegischen Volkstums sowie der großen Vergangenheit dieser Nation ein, und von diesen beiden bedeutendsten und meistbesuchten Museen Norwegens ist es wiederum nur ein kurzes Wegstück bis zum Lustschloss **Oscarshall** (s. S. 72).

Den Tag auf Lille Herbern stilvoll ausklingen lassen

Vom Kon-Tiki-Museum aus weisen der Bygdøynesvei und der Admiral Børrensvei den bald autofreien Villenweg zum ans Meer führenden Herbernveien. Die Straße blickt auf ›Klein Herbern‹, eine winzige, Bygdøy vorgelagerte Insel in der Hafeneinfahrt nach Oslo, mit dem am Ufer gelegenen Restaurant **Lille Herbern** 1 (Herbernveien, Tel. 22 44 97 00, www.sult.no/lilleherbern, 15.5.–1.10. tgl. ab 12 Uhr, Tischreservierung für abends empfohlen), das bereits seit 1929 als Sommerlokal genutzt wird. Um hinüberzukommen, nimmt man das Fährboot (mehrmals stdl., ansonsten rufen; 25 NOK hin/zurück), was aber zumindest in den Abendstunden nur dann Sinn macht, wenn man vorher einen Tisch reserviert hat. Ohne kann es nämlich schwer bis unmöglich sein, auf der großen Außenveranda einen freien Platz zu ergattern, denn Lage wie auch die Küche dieses Insellokals sind überdurchschnittlich bei zwar gehobenen, aber durchaus angemessenen Preisen (Lunch ab 95 NOK, Dinner ab 160 NOK). Meeresfrüchte werden am stärksten nachgefragt, dazu trinkt man gern Murragat Gran Brut (die Flasche zu 330 NOK), wenn nicht gar einen Josè Michel Extra Brut zu 650 NOK die Flasche.

Badefreuden

Folgt man vom Kon-Tiki-Museum aus dem Bygdøynes- und Admiral Børrensvei, markieren bald Schilder mit der Aufschrift ›Gangvei til Huk‹ die Richtung zur Badebucht **Huk** (s. S. 47) sowie auch zur angrenzenden **Paradisbukta** (s. S. 47).

10 | Monumental skulptural – die Vigeland-Anlage

Karte: ▶ D–E 1–2 | **Anfahrt:** Bus 20 oder Straßenbahn 12: Vigelandsparken

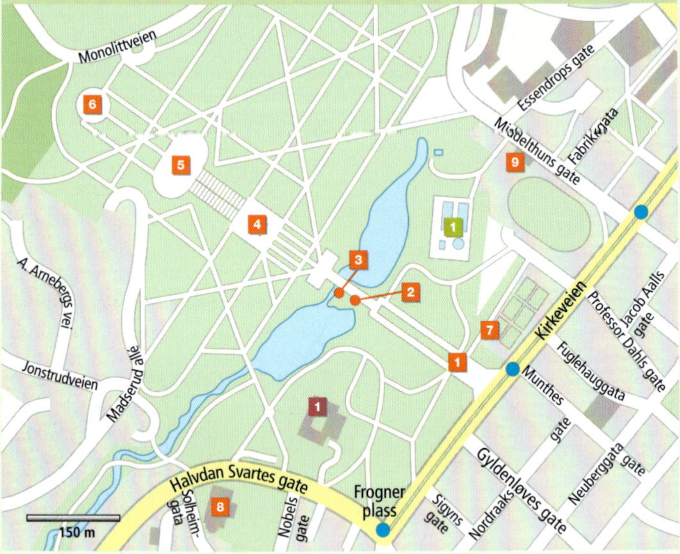

Die Vigeland-Anlage, mit über einer Million Besuchern im Jahr Oslos beliebteste Attraktion, ist als ein Glanzstück der Bildhauerkunst weit über die Grenzen Norwegens hinaus berühmt – und das nicht nur wegen der sprichwörtlichen Monumentalität dieser groß gedachten Verherrlichung des Menschseins.

Viele Menschen gibt's, die haben Zeit ihres Lebens an Kindheitstraumata zu leiden, doch nur wenigen ist es vergönnt, solch frühe seelische Erschütterungen zu verarbeiten, geschweige denn zu transzendieren und in ein schöpferisches Werk von visionärer Größe umzusetzen. Gustav Vigeland (1869–1943), Norwegens berühmtester Bildhauer, gehört dazu, und wenn man durch sein Lebenswerk kunstwandelt, die nach ihm benannte Vigeland-Anlage in Oslos Frogner-Park, springt dieser Zusammenhang dem sensiblen Betrachter förmlich ins Auge.

Ein steinernes Gleichnis

Zumindest auf den zweiten Blick, denn der erste wird ganz und gar von der Monumentalität dieses Skulpturenparks gebannt, in dem sich – in Gruppen zusammengefasst – rund 200 Skulpturen mit etwa 650 Figuren auf einer 850 m langen Achse aneinander reihen. Fast die ganzen letzten 22 Jahre seines Lebens hat der geniale Künstler daran gearbeitet. Um verwirklichen zu können, was ihn nicht mehr losließ, schloss er mit der Stadt Oslo einen merkwürdigen Vertrag: Er vermachte all seine bisherigen Werke der Stadt und forderte als Gegenleistung ein Atelier und die Mittel, die er zur Vollendung seiner Vision benötigte, das menschliche Leben von der vorbewussten Kindheit bis zur nachsinnenden Ruhe des Alters, mitsamt Glück und Trauer, Hoffnung und Verzweiflung in all seinen Phasen darzustellen und so ein steinernes Gleichnis des Lebens selbst zu schaffen.

Auf Kindheitsspuren

Nachdem man das siebentorige **Hovedportalen** 1 (Hauptportal) am Kirkevei durchschritten und das Besucherzentrum passiert hat, geht es in direkter Linie auf die 100 m lange und 15 m breite **Broen** 2 (Brücke) zu, die von 58 Bronzeskulpturen flankiert wird. Dargestellt sind Kinder, Männer und Frauen, allein oder in Gruppen. Dominantes Motiv ist das Verhältnis zwischen Mann und Frau sowie insbesondere zwischen Eltern und Kindern.

Betrachtet man die einzelnen Skulpturen aus der Nähe, so drängt sich das Bild eines Künstlers auf, dessen Kindheit sowie auch Verhältnis zu Vater und Mutter, zur Frau schlechthin, gestört war. In der Tat hat Vigeland einmal über sich selbst gesagt, dass er seine Kindheit immer in sich getragen habe, den jähzornigen und tyrannischen, vom protestantischen Fundamentalismus geprägten Vater, der ihm, durchaus auch mit der Peitsche, das Leben von Anfang an zur Hölle gemacht und ihm immer eingebläut habe, dass Frauen unrein, dem Bösen verbunden und eigentlich keine Menschen seien.

Das sieht man den skulptierten Frauen an, die zwar liebevoll dargestellt sind, aber doch stets mit einem Blick, der ins Leere geht. Auch die Kinder ma-

Eindrucksvoll inszeniertes Gesamtkunstwerk im Frogner-Park: die Vigeland-Anlage

Sie erzählen die Geschichte des Lebens: Gustav Vigelands Skulpturen lassen wohl niemanden unberührt

chen alles andere als einen glücklichen Eindruck, und gerade die Vater-Kind-Gruppen lassen tief in die Seele des Künstlers blicken, der einen regelrechten Hass auf seinen Vater entwickelt hatte, da dieser ihn, wie er einmal sagte, seiner gesamten Kindheit beraubt habe. Pointiert ausgedrückt wird diese Vater-Sohn-Problematik durch den im Zentrum der Brückenbalustrade stehende **Sinnataggen** 3 – ein Knabe, der voller Zorn die Hände zu Fäusten ballt und mit dem Fuß aufstampft.

Das Rad des Lebens

Von der Brücke aus ist es nur ein kurzes Wegstück zur **Fontenen** 4, dem ›Brunnen‹, der von einem 1800 m² großen Irrgarten aus weißem und schwarzem Granit umgeben ist, dessen geometrisches Muster ein insgesamt 3000 m langes Labyrinth formt. Es wird flankiert von insgesamt 20 Baumgruppen unter deren Kronen sich das gesamte Leben der Menschheit zwischen Geburt und Tod entwickelt.

Vom Brunnen aus, der gemeinhin als ›Lebensbrunnen‹ interpretiert wird, führt eine Treppe ins Zentrum dieser gewaltigen Anlage hinein. Sie wird gebildet durch den 17,3 m hoch aufragenden **Monolitten** 5, ›zusammengesetzt‹ aus 121 ineinander verschlungenen Menschenleibern. Aufgrund seiner stilisierten Phallusform wird die ›Monolithen‹-Säule gemeinhin als Fruchtbarkeitssymbol und Ursprung allen Lebens gedeutet. Umgeben ist sie von 36 Figurengruppen aus Granit.

So kommt man zur letzten Skulptur an der durch die Anlage führenden Achse: zum **Livshjulet** 6. Dieses ›Lebensrad‹, das durch einen Reigen von bronzenen Kindern, Frauen und Männern Hand in Hand dargestellt wird, will als Symbol für die Unendlichkeit verstanden werden, für den Weg des Menschen von der Geburt bis zum Tod. So sagen es zumindest die Fremdenführer, auch wenn des Künstlers eigene Antwort auf die Frage nach dem Sinn seines gewaltigen Lebenswerks alles offen lässt: »Jeder kann es sich erklären, wie er will«.

Infos

Vigeland-Park: www.vigeland.museum.no, durchgehend geöffnet, Eintritt frei. Das **Vigeland Besøkssenter** (Besucherzentrum) 7 liegt direkt hinter dem Haupteingang am Kirkeveien, dort auch Mitbringsel zu Gustav Vigeland und seiner Kunst.

Ein Blick ins Atelier

Vom Schaffensdrang des Künstlers Gustav Vigeland zeugt das **Vigeland-Museet** 8 (Nobels gate 32, www.vigeland.museum.no, Sept.–Mai Di–So 12–16, Juni–Aug. 10–17 Uhr, Eintritt April–Sept. 50 NOK, sonst frei) im ehemaligen Atelier des Meisters am Südrand des Vigeland-Parks: Es birgt 1650 Plastiken und 3700 Holzschnitte sowie etwa 11 000 Zeichnungen.

Lohnend in der Umgebung

Um Kunst in einem anderen Sinn geht es im nahe gelegenen **Skøytemuseet** 9 (Middelthuns gate 26, www.oslosk.no, Di und Do 10–14.30, So 10–14 Uhr, Eintritt 20 NOK). Dieses ›Schlittschuhmuseum‹ stellt die Geschichte des Eisschnell- und des Eiskunstlaufs anhand von Bildern, Schlittschuhmodellen und vor allem auch Auszeichnungen von Europameistern, Weltmeistern und Olympiasiegern dar. Die Pokalsammlung, die u. a. die Trophäen von Axel Paulsen (1855–1938) und Oscar Mathisen (1888–1954), die wohl berühmtesten Eislaufmeister aller Zeiten, umfasst, ist weltweit ohnegleichen.

Relaxen

Kunstwandeln kann müde machen, und wer Entspannung sucht, findet sie im rund um die Uhr geöffneten **Frogner-Park,** von dem die Vigeland-Anlage lediglich ein Teil ist. Der Rasen der mit Abstand meistbesuchten Grünfläche der Stadt darf überall betreten und belegen werden, und zum Entspannen ist das weitläufige Gelände dieses wichtigsten Erholungsgebietes für Downtown Oslo wie geschaffen.
Ist es Hitze, die zu schaffen macht, empfiehlt sich ein Sprung ins kühle Nass des mit allem Komfort eines modernen Großstadt-Schwimmbades ausgestatteten **Frognerbad** 1 (Mitte Mai–Mitte Aug. Mo–Fr 7–19.30, Sa/So 10–18 Uhr, Erwachsene 78 NOK, Kinder 37 NOK). Es umfasst drei Schwimmbecken und eine Wasserrutsche und ist mit Abstand das populärste Freibad der Stadt.

Essen und Trinken

Der Park ist ideal zum Picknicken. Zudem laden mehrere Gartencafés und -restaurants im Frogner-Park ein, doch keines kann sich mit dem **Herregårdskroen** I (Frognerveien 67, Ostern–Herbst tgl. 11–24 Uhr) messen, der mit dem Oslo Bymuseet (s. S. 78) im alten Gutshof untergebracht und wohl eines der beliebtesten Gartenlokale der Stadt ist. Im Schatten alter Bäume kann man sich an günstigen wie einfachen Gerichten der norwegischen und internationalen Küche erfreuen. So z. B. an Fischfrikadellen (145 NOK) oder Pasta mit Räucherlachs (140 NOK). Einen denkbar guten Gegenwert bietet die Tagessuppe (95 NOK). Auch die Weinkarte kann sich sehen lassen, ein Glas kostet ab 70 NOK, nicht viel mehr als ein Bier.
Das dem Besucherzentrum (s. oben) angeschlossene **Kafé Vigeland** (Juni-Aug. Di–So 9–20.30, sonst 10–16.30 Uhr) ist eine Empfehlung für ›Kaffeetanten‹, es werden u. a. auch französisch inspirierte Kuchenkreationen serviert.

11 | Naturidyll und Großstadtleben – am Ufer der Akerselva

Karte: ▶ J/K 1–4 und Karte 4
Anfahrt: Bus 54, Nahverkehrszug oder Straßenbahn 12: Kjelsås

Dem einzigartigen Mix aus unberührter Natur und pulsierendem Großstadtleben verdankt Oslo sein spezielles Flair. Das erfährt man vielleicht am besten bei einer Radtour entlang dem Ufer der Akerselva, Oslos größtem Fluss. Sein klares Wasser spiegelt nicht nur Wiesengrün, sondern auch schön sanierte alte Bausubstanz und postmodern durchgestylte Architektur.

Die Akerselva

Am Anfang war die Wasserkraft der Akerselva, Oslos größtem und wichtigstem Fluss. An seinem Ufer klapperten schon im 14. Jh. die ersten Getreidemühlen, und hier war es, wo um 1850 herum auch die Industrialisierung Norwegens begann. In ihrem Gefolge strömte das Proletariat in die Stadt, und während das Westufer der Akerselva Bürgerdomäne wurde, so wurde das Ostufer zum Arbeiterviertel. Nach dem Zweiten Weltkrieg setzte der funktionale Verfall ein, und ab den 1970er-Jahren wurde großflächig saniert.

Bis jedoch die industrielle Abwasserkloake Akerselva wieder zu dem glasklaren Lachsfluss wurde, der sie einst war, mussten noch einmal fast zwei Jahrzehnte vergehen. Der Öko-Durchbruch kam mit Fertigstellung des Akerselva Miljøpark (Umweltpark), der sich heute auf 200–600 m Breite vom Trinkwassersee Maridalsvannet bis zur rund 8 km entfernten Vaterlands-Brücke nahe der Mündung des Flusses in den Oslofjord erstreckt.

Im Rücken der Stadt

Ein durchgehender Uferweg erschließt das neu geschaffene Refugium. Er beginnt am **Brekkedamm** 1 des **Maridalsvannet** 2 im Ortsteil Kjelsås, wohin man am besten mit dem Nahverkehrszug gelangt (Fahrräder werden transportiert). Vom Damm aus genießt man ein weites Panorama über das glasklare Wasserblau des Sees auf die dunkel bewaldeten Höhen der Marka, die nach Norden den naturschönen Rücken der Stadt bildet.

Dann ein leichter Druck auf die Pedale, und mit sanftem Gefälle geht es auf dem für Autos gesperrten Weg, der meist im Baumschatten entlang der unreguliert dahinplätschernden Akerselva verläuft. Die Blätter der alten Laubbäume rauschen, bunte Wildblumen sind ins Wiesengrün der Ufer eingestreut, und auf den ersten Kilometern begreift man förmlich mit allen Sinnen, warum Oslo als grünste Metropole Europas aus jedem gewohnten Rahmen fällt.

Grünerløkka

Je weiter es flussabwärts geht, desto dichter wird die Bebauung, und nach 6 km ist man bereits wieder mitten in der Stadt, konkret in Grünerløkka (s. auch S. 60), früher das größte Arbeiterviertel der Stadt. Seine Nordgrenze wird durch die aus Stahl und Granit erbaute **Sannerbrua** 3 markiert. Es schließt sich bald die 1852 erbaute und 1958 von Åmot in der Telemark hierher versetzte **Åmot bru** 4 an. Sie gilt als die älteste Kettenbrücke des Landes, schwingt über dem kleinen Øvre Foss (Wasserfall) und blickt auf das imposante Industriegebäude der 1858 gegründeten **Christiania Seildugsfabrikk** 5. Diese Segeltuchfabrik zählte gegen 1912 mit rund 1100 Beschäftigten zu den größten Industriebetrieben des Landes und war lange Zeit auch nach dem Königlichen Schloss das größte Gebäude von ganz Norwegen. In den 1960er-Jahren dann wurde der Betrieb eingestellt. In Kontrast zu dem baulichen Koloss stehen die **Kunsthøgskole** 6 (Kunsthochschule) nebenan sowie **Norges Arkitekt-høgskole** 7, die Hochschule für Architektur, schräg gegenüber. Bevor es über eine Fußgängerbrücke wieder ans Ostufer geht, empfiehlt sich ein Abstecher den **Telthusbakken** 8 (s. S. 77) hinauf, die wohl malerischste Holzhauszeile der Stadt, die zur **Gamle Aker kirke** 9 (s. S. 72), der Alten Kirche von Aker, führt.

Südlich von Kuba

Auf der anderen Flussseite wird die **Rotunde Kuba** 10 passiert, eine große, kreisrunde Asphalt-/Betonfläche, die u.a. für Konzerte dient. Dann geht es zum **Nedre Foss** 11, dem letzten Wasserfall vor der Mündung. Auf dem Weg zum Katarakt passiert man das 53 m hohe, 2002 mit dem Architekturpreis der Stadt Oslo ausgezeichnete **Grünerløkka studenthus** 12 (Studentenwohnheim), ehemals das Kornsilo der Stadt. Nun folgt man dem lang gestreckten Park **Grünerhagen** 13, südlich dem sich bis 1654 die einzige Brücke über die Akerselva spannte. Wer sie querte, musste zahlen, und mehrmals war die auch militärisch bedeutungsvolle Holzkonstruktion heiß umkämpft.

Unter der Brücke **Grünerbrua** 14 hindurch geht es am Flussufer vorbei in die Nedre gate mit weiteren ehemaligen Fabrikgebäuden, die heute für Kulturzwecke, als Büros und für Ausstel-

Übrigens: Die Wasserqualität der Akerselva ist überdurchschnittlich gut, und da sich auch viele tiefe Abschnitte im Fluss finden, erfreut er sich an warmen Sommertagen bei Badegästen großer Beliebtheit. Also das Badezeug nicht vergessen, vielleicht auch ein Badetuch als Unterlage und möglichst auch ein wenig Wegzehr, denn die Wiesenufer sind zum Picknicken geradezu wie geschaffen.

lungen genutzt werden. Auf der anderen Seite der Akerselva, wohin eine Fußgängerbrücke führt, lädt der ebenfalls in einer umgebauten Fabrik eingerichtete Jazztempel **Blå** 1 (s. S. 109) auf eine Pause ein. Im Sommer wird hier nachmittags ein Gartenlokal betrieben, es liegt direkt über dem Ufer der Akerselva und gilt als bevorzugter Schönwettertreff im Szeneviertel.

Hinter der nächsten Flussbiegung erstreckt sich die 1917 angelegte Parklandschaft **Østre Elvebakke** 15, die älteste an der Akerselva. Sie führt zur **Ankerbrua** 16, der 1926 aus Granit gebauten, später mit vier bronzenen Skulpturengruppen geschmückten Brücke – u. a. sieht man hier Peer Gynt auf dem Rentier reiten. Sie markiert den Weg ans Ostufer, wo bei der **Nybrua** 17 die Grenze des historischen Viertels Grünerløkka überschritten wird.

Ein Viertel mit Geschichte: Vaterland

Von nun an verläuft der Weg stets im Grünen am Ostufer entlang durch das historische Stadtviertel Vaterland, das vom 17. bis zum frühen 20. Jh. außerordentlich dicht besiedelt war. Die Ufer waren fast nahtlos bebaut, es herrschten drangvolle Enge und größte Armut. Erst ab den 1970er-Jahren wurde das Schmuddelviertel schrittweise abgerissen und in großem Maßstab im Stil der Zeit wieder neu bebaut. Doch auch an sanierter alter Bausubstanz herrscht kein Mangel.

Dieser Kontrast zwischen den modernen Spiegelglasfronten und den historischen Backsteinbauten im Saum vom Wasserblau und Weidengrün des **Vaterland-Parks** 18 ist es, der den besonderen Reiz dieses Wegstücks ausmacht.

Ein paar Meter noch, dann verschwindet die bis zu ihrer Mündung in die Bjørvika am Paulsenkai überbaute Akerselva. Doch da in dem immerhin gut 700 m langen Flusstunnel Lampen angebracht wurden, können heute kleine Boote wieder wie in alter Zeit vom Fjord bis hinauf zum Nedre Foss verkehren.

Aktuelles norwegisches Design steht im Mittelpunkt der Ausstellungen im Norsk Design og Arkitektursenter

Tour-Info

Die reine Radstrecke beläuft sich lediglich auf rund 8 km, Steigungen sind keine zu bewältigen, aber im Sinne des Erlebnisses sollte man für die Tour einen halben Tag ansetzen.
Einen Fahrradverleih gibt es nicht in Kjelsås am Maridalsvannet, und so muss man sein *bysykkel* (s. S. 25) vom Stadtzentrum aus mitbringen. Eine Fahrradstation findet sich z. B. an der Havnegata beim Bahnhof.

Kurze Variante

Wenn 8 km als zu lang erscheinen oder man sich auf den kulturhistorisch interessanten Wegabschnitt begrenzen will, bietet sich die **Sannerbrua** 3 (s. S. 57) als alternativer Startpunkt an. So reduziert sich die Strecke auf rund 2 km. Auch nahe der Sannerbrua findet sich eine Fahrradstation: Alexander Kiellands plass (Anfahrt mit Bus 54). Natürlich kann man den kurzen ebenso wie den längeren Weg problemlos auch zu Fuß bewältigen. Auch der geführte ›River Walk‹ von Oslo City & Nature Walks (s. S. 72) erfolgt per pedes.

Designsuche und Kulinarisches

Das **Norsk Design og Arkitektursenter** 1 (Hausmannsgate 16, Grünerløkka, www.doga.no, Mo–Fr 10–17, Sa/So 12–17 Uhr) hat sich der Aufgabe verschrieben, norwegisches Design zu fördern. Die Arbeiten der großen nationalen Formgeber sind hier zu betrachten und auch zu kaufen – vom Weinglas bis zum Fahrrad.
Das dem Zentrum angeschlossene Restaurant **Elvebredden** 2 (www.elvebredden.net, Di–Fr 11.30–22, Sa 12–22, So 12–16 Uhr) bietet vom Mittelmeerraum inspirierte Speisen und Getränke, zu genießen auf einer verglasten Veranda und im Sommer auch auf einer Terrasse. Designerstücke und der schöne Ausblick auf die Akerselva erfreuen das Auge. Ob man à la carte auswählt (Lunch 105–175 NOK, Hauptgerichte 250 NOK) oder eines der saisonbedingten Menüs (415 NOK für drei Gänge) – man wird begeistert sein von Frische und Geschmack der aus ökologischem Anbau stammenden Zutaten. Die Weinkarte mit Dutzenden Lagen kann sich sehen lassen, und klassisch pflegt man hier vor dem Dinner ein Glas des Haus-Champagners Tarlant Brut Zero (105 NOK/Glas) zu genießen.

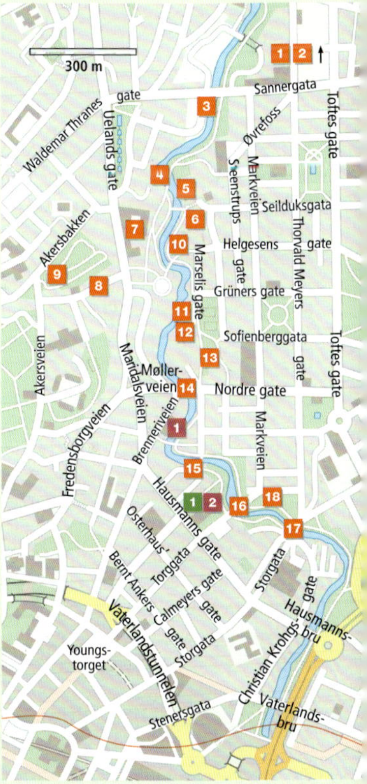

12 | Oslo ist cool – Shopping in Grünerløkka

Karte: ▶ K/L 2/3 | **Anfahrt:** Straßenbahn 13: Olaf Ryes plass, Schous plass oder Nybrua

Will man als normal betuchter Tourist in Oslo mehr als nur einen Schaufensterbummel unternehmen, muss man sich die Label-Lust auf internationale Haute Couture abschminken und einen Spaziergang durch Grünerløkka machen, Oslos alternative Einkaufsmeile.

Das ehemalige Arbeiter- und heutige Künstlerviertel von Oslo (s. S. 98 und 104) präsentiert sich auch in Sachen Shopping als das abgefahrenste der Stadt. Sein Multikulti-Flair hat dazu beigetragen, dass sich viele Bildhauer und Keramiker, Maler und Musiker sowie vor allem auch Mode- und Schmuckdesigner in oft farbenfroh getünchten Mietshausblocks niedergelassen haben.

Alternative auf einen Streich

Eine In-Meile der alternativ angehauchten Einkaufsszene ist der Markveien, wo auch Oslos ›Hexen‹ shoppen gehen: Konkret im **Studio Strega** 1 (Markveien 34) von Bodil Antonsen, der seine Kreationen als eine »Huldigung an schwierige Frauen« versteht – *strega* bedeutet ›Hexe‹! Gemeint sind Individualistinnen, die gegen den Strom schwimmen, komfortable Materialien und warme Farben lieben. Wer sich noch nicht so klar geoutet hat, dem kann das etwa 200 m nahe **Conzept** 2 (Steenstrups gate 12, www.smykkegal.no) ein Höchstmaß an Einkaufslust verschaffen: Der kleine Shop gefällt mit einer ebenso großen wie aparten Auswahl an Designerartikeln. Ob Damenkleidung mit spezieller Note, ausgefallener Schmuck oder Handtaschen, Geschenkartikel oder Herrenstrickpullover – hier ist's zu haben.

Ein paar Blocks südlich präsentiert Marianne Nes im **Med og uten** 3 (Korsgata 22, Ecke Markveien) gepflegte Alltagskleidung mit femininem Touch nach südeuropäischen Vorbildern ab 400 NOK aufwärts. Auch importierte Designerware (u. a. Remix Collection, Samsøe & Samsøe, Andy Warhol) sowie Modeschmuck sind im Sortiment.

Schnäppchenpreise

Die Preise sind korrekt, doch schaut man auf die Krone, gehen Mann und Frau um die Ecke ins **Trabant** 4 (Markveien 56, www.trabantclothing.com), wo größte Auswahl an »preloved Vintage« erfreut: Secondhandmode aus den 1950er- bis 80er-Jahren. Um ›vorgeliebte‹ Kleidung dreht sich's auch im **3rd Hand** 5 (Markveien 58, www.3rdhand.no), wo zu neuen Fummeln umkreierter und designpreisgekrönter Secondhand-Dress verkauft wird. First-Hand dann wieder im **D'lirium** 6 (Leirfallsgt. 6, Eingang Markveien): hippe Streetfashion und Schuhe für junge und etwas wilde Modefreaks.

Von hier aus ist es nur ein minutenkurzes Wegstück zur Thorvald Meyers gate hinüber, und wer keine Lust auf weitere 500 Gehmeter hat, sollte sich von der Haltestelle Nybrua aus eine Straßenbahnfahrt zum Olaf Ryes plass gönnen. Sei es, um sich im **Probat** 7 (Thorvald Meyers gate 54, www.probat.no) Pullover und insbesondere T-Shirts mit selbst kreierten, teils lustigen, teils anspruchsvollen Aufdrucken auf Norwegisch zuzulegen, sei es, um in der **Shoe Lounge** 8 (Thorvald Meyers gate 42, www.shoelounge.no) trendige Treter zu erstehen. Hier warten ›Galoschen‹ u. a. von Marc Jacobs, Fornarina, Costume National und Le Coq Sportif zu moderaten Preisen auf die passenden Füße, während im nahen **Boa** 9 (Thorvald Meyersgate 50) u. a. die mehrfach designpreisgekrönte Mette Møller ihre Strickkollektion zu Retro und Avantgarde zeigt.

Öffnungszeiten der Läden

Wie üblich (s. S. 22), aber da viele Ausnahmen die Regel bestimmen, sollte man sich auf Mo–Fr 11–17 Uhr und Sa 11–16 Uhr einstellen.

Und sonntags?

Da geht man im Viertel zwischen 12 und 17 Uhr zum **Søndagsmarked på Blå** 10 (Brenneriveien, Blå, s. S. 109), der sich als Floh- sowie auch Kunstmarkt versteht. Zur Adventszeit lohnt der Weihnachtsmarkt Julemarked på Blå (s. S. 103) den Besuch.

Nahebei ...

... fließt die **Akerselva** 1 dem Meer entgegen – was wäre schöner, als vor oder nach dem Shoppen eine Radtour bzw. einen Spaziergang zu machen oder sich ein Sonnen-, wenn nicht ein Flussbad zu gönnen (s. S. 56)?

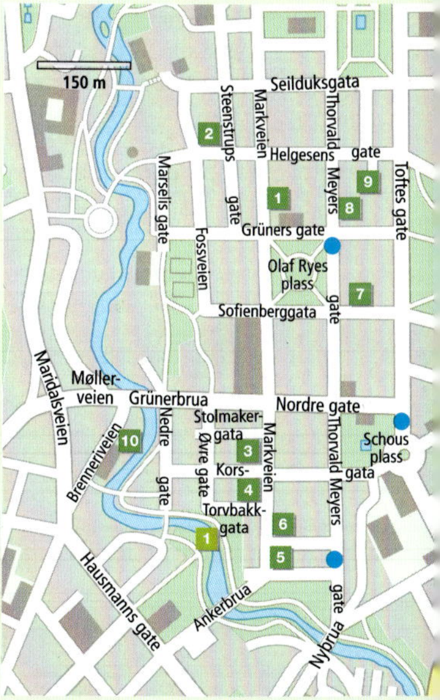

13 | Norwegens berühmter Maler – im Munch-Museum

Karte: ▶ L/M 3/4 | **Anfahrt:** Bus 20: Munch-museet, U-Bahn: Tøyen

Munch am Morgen kann einem schon mal auf den Magen schlagen, denn »ich male nicht, was ich sehe, sondern was ich sah«, lautet ein Ausspruch des Malers. Und was er sah, hängt u. a. als »Melancholie«, »Asche« und »Tod«, »Todeskampf« und »Tote Mutter und Kind« an den Wänden des Munch-Museums, in dem das monumentale Vermächtnis des Künstlers an die Stadt Oslo ausgestellt ist.

Edvard Munch (1863–1944) ging es um den Blick hinter die äußere Fassade, er gab in seinen Bildern und Zeichnungen vor allem Not und Angst wieder – Angst die zum Schrei wird, auf einer Brücke hallt, in die Tiefe führt und zur Expression wird. Doch auch das Leben sah er, als Antwort auf den Tod, die Vereinigung, Liebe, den Hass, das immerwährende sich Anziehen und Abstoßen.

Die »Schmierereien« des Herrn Munch

Visionen waren es, die er malte, und er erntete mit seinen »Schmierereien«, wie es ein Kritiker mal umschrieb, zuerst einmal nichts als Gelächter, Hohn und Verachtung. Dies in seinem Heimatland wie auch in Berlin, wo er 1892 sein Debüt gab und große Empörung hervorrief – es kam zum Eklat, man verstand seine Bilder nicht, im Künstlerverein brach ein Streit aus zwischen den Konservativen und denen, die bereits nach expressionistischen Ausdrucksformen suchten. Diese Auseinandersetzung, die zur Spaltung und Gründung

Übrigens: Wer einen Munch mit nach Hause nehmen oder verschicken will, findet im Museumsshop Reproduktionen, Postkarten, Lesezeichen aus Metall und anderes mehr.

der Berliner Sezession führte, ließ Edvard Munch zur Berühmtheit aufsteigen. Es folgten verschiedene europäische Ausstellungen, u. a. in Prag, Wien und auch Oslo; man begann sich an seinen Stil zu ›gewöhnen‹. Und endlich 1912, auf der Sonderbundausstellung in Köln, war der internationale Durchbruch gekommen, denn er, dessen Bilder »Schweinerei und Gemeinheit« darstellten, wie es Anton von Werner einmal ausdrückte, wurde jetzt als der Wegbereiter der Moderne gefeiert.

Auch in seiner Heimat blieb ihm die Anerkennung nun nicht mehr versagt, und der ›Bürgerschreck‹ von gestern, der plötzlich mit Cézanne, van Gogh und Gauguin zusammen genannt wurde, durfte nun die Aula der Osloer Universität ausschmücken, wurde 1933 gar zum Ritter geschlagen und mit dem Orden des hl. Olav geehrt. Noch im gleichen Jahr kamen seine Bilder in Deutschland als ›Entartete Kunst‹ auf den Index, und das Land, dem er seinen Durchbruch als Maler verdankte, wurde für ihn während seiner letzten Lebensjahre zum Trauma. Er starb am 23. Januar 1944 und hinterließ all seine Arbeiten der Stadt Oslo, die 1963 das Munch-Museum eröffnete.

Ein Monumentalwerk

Edvard Munchs Vermächtnis an die Stadt Oslo umfasst etwa 1100 Gemälde, 18 000 Grafiken von 700 Motiven, 4700 Zeichnungen sowie sechs Skulpturen. Dazu kommen fast 500 Druckplatten, 2240 Bücher, Notizbücher, Dokumente, Fotografien, Werkzeug, Requisiten und Möbel. Obendrein wurden dem Museum die umfassende Briefsammlung des Meisters, zusammen mit einer erheblichen Anzahl Originalwerke, die vor allem aus den 1880er-Jahren stammen, von seiner Schwester Ingrid Munch überlassen, und eingedenk dieses Monumentalwerks ist klar, dass immer nur ein Teil ausgestellt werden kann.

Munch für alle: Eindringliche Mahnung an einem besetzten Haus in Oslo

Doch die bekanntesten Gemälde sind in aller Regel stets zu betrachten. Im Sommer 2008 konnte das Museum endlich auch die beiden berühmtesten Bilder des Malers wieder der Öffentlichkeit präsentieren: »Skrik« (Der Schrei) und »Madonna«, die im August 2004 von zwei bewaffneten Männern gestohlen und dabei erheblich beschädigt worden waren. Zwei Jahre später konnten die beiden Bilder, deren Gesamtwert auf ca. 90 Mio. € geschätzt wird, wieder sichergestellt werden, doch dauerte es zwei weitere Jahre, bis die Meisterwerke weitestgehend restauriert waren.

Öffnungszeiten

Munch Museet 1: Tøyengt. 53, Gamle Oslo/Grünerløkka, www.munch.museum.no, Juni–Aug. tgl. 10–18, sonst Di–Fr 10–16, Sa/So 11–17 Uhr, Eintritt 75 NOK.

Ganz Gegenwartskultur

Gerade mal 800 m ist man vom Munch-Museum entlang der Tøyengata zum **Internasjonalt Kultursenter og Museum** 2 (s. S. 75) unterwegs, das sich der internationalen Verständigung zwischen den Völkern widmet.

Lohnend in der Umgebung

Der zur Universität gehörige **Botanisk hage** 3 (Botanische Garten, Sars gate/Monrads gate, www.nhm.uio.no, Mitte März–Sept. Mo–Fr 7–21, Sa/So 10–17, Okt.–Mitte März Mo–Fr 7–17, Sa/So 10–17 Uhr, Eintritt frei) von Oslo geht auf das Jahr 1814 zurück, als hier der für den Botanischen Garten von Kopenhagen zuständige Meistergärtner Johan Siebke seine Arbeit aufnahm. Große Teile der grünen Stadtoase sind als Arboretum mit einer Vielzahl Baumarten angelegt. Auf Naturwegen geht es durchs große Grün hindurch. Allein der Fjellgarten mitsamt Bach und Wasserfall umfasst mehr als 1000 Pflanzen norwegischer Flora. Im Palmen- und im Victoriahaus gedeihen Gewächse aus wärmeren bis tropischen Regionen.
Auf dem Gelände des Botanischen Gartens befindet sich das **Naturhistorisk Museum** 4 (www.nhm.uio.no, ganzjährig Di–So 11–16 Uhr, Eintritt 50 NOK) mit einer botanischen sowie zoologischen Abteilung, welche die Pflanzen und Tierwelt Norwegens, der Arktis sowie der restlichen Welt vorstellt; auch eine geologische Abteilung, mit u. a. Dinosaurierskeletten ist angeschlossen.

Sportliche Entspannung

In direkter Nähe des Munch-Museums kann man im Frei- und Hallenbad **Tøyenbadet** 1 (Helgesens gate 90, Mo–Do 14–19, Fr 14–19.30, Sa/So 10–15 Uhr, Erwachsene 78 NOK, Kinder 37 NOK) mit insgesamt vier Becken sowie Sauna, Solarium und Fitnessraum entspannen.

14 | Das grüne Dach der Stadt – Holmenkollen

Karte: ▶ Karte 5 | **Anfahrt:** U-Bahn 1: Voksenkollen

Oslo fällt als grünste Metropole Europas aus jedem Rahmen, und wer Oslos geografisches Zentrum sucht, gerät in rauschende Wälder, von 1200 km Wanderwegen erschlossen und mit 343 Seen gespickt. Also nichts wie rein in die Wanderschuhe, Badesachen nicht vergessen, und ab in die U-Bahn, die innerhalb von 32 Minuten hinaufsteigt auf das grüne Dach der Stadt.

Je höher, desto besser

Dass Goethes Empfehlung, jede Stadt zunächst von oben kennen zu lernen, Hand und Fuß hat, erkennt man bereits während der U-Bahn-Fahrt vom Bahnhof auf das 500 m höher gelegene ›Dach‹ der Stadt: teils unter, zuallermeist jedoch über der Erde, größtenteils auch mit Aussicht. Nehmen zu Anfang noch edle Holzvillen den Blick gefangen, dann bald Fernsichten, die immer faszinierender werden, je höher es geht. Nach 25 Min. wird die Station Holmenkollen mit der Skisprungschanze erreicht, dann geht es weiter an Villenvierteln vorbei bis zur vorletzten Station, Voksenkollen.

Tryvannshøgda

Genau 28 Höhenmeter trennen die Station von der nördlich gelegenen Tryvanns-Höhe (auch: Tryvasshøgda), wohin man innerhalb von 10–15 Min. gelangt, wenn man dem Tryvannsveien folgt. Der seit 1962 aufragende Fernsehturm **Tryvannstårnet** 1 weist stets die Richtung. Er misst 118 m bis zur Spitze und ist in 60 m Höhe mit einer Aussichtsplattform ausgestattet, wo man, 588 m über dem Meer, bis ins Jahr 2005 das mit Abstand beeindruckendste Panorama auf Oslo, den Fjord und das gesamte Umland genießen konnte. Bei klarem Wetter umfasst der Blick eine Fläche von über 30 000 km², reicht hinüber bis nach Schweden, hinauf bis zur Hardangervidda. Doch dann wurde die Plattform geschlossen, und bei Drucklegung war noch unklar, ob sie jemals wieder geöffnet wird. Auf alle Fälle ist das Panorama über die Nordmarka, Richtung Sørkedalen sowie über die Stadt auch vom Fuße des Turmes schlicht faszinierend.

Ins große Grün

Wem es angesichts der ausgedehnten Wälder rings umher in den Füßen juckt, der kann von dieser Landmarke aus schnell ins ausgedehnte Grün der Marka (auch: Nordmarka) eintauchen. Populärster Ausgangspunkt für Waldspaziergänge und Wanderungen von unterschiedlicher Länge ist die von der Tryvannshøgda nur etwa 2 km entfernte Berghütte **Tryvannstua** 1. Der rustikale Blockbau wurde 1931 errichtet und liegt malerisch beim Wiesenufer des waldumschwiegenen Badesees **Tryvann** 1 auf etwa 400 m Höhe. Im Sommer treffen sich hier Wanderer und Spaziergänger, im Winter Snowboarder und Skifahrer. Der Weg, der dem breiten Tryvannsveien nordwärts folgt, ist nicht zu verfehlen und führt meist bergab.

Nach Frognerseteren

Aber auch ohne den Waldabstecher kommen die Füße auf dieser Tour zu ihrem Recht, und nachdem man dem Tryvannsveien vom Tryvannstårnet aus für etwa 600 m zurück Richtung ›Voksenkollen‹ gefolgt ist, zweigt links der Øvreseterveien ab, der wenig später am Wiesenufer des **Øvresetertjern** 2 entlangführt. Dieser kleine See ist ein populärer Picknick- und Badeplatz, nur etwa 600 m von der U-Bahn-Endstation Frognerseteren entfernt. Ziel dieser stets bergab führenden Etappe ist der hölzerne Prachtbau des **Frognerseteren Restaurant** 2, das als das Nonplusultra für panoramareiches Speisen gilt.

Holmenkollen

Der hangabwärts verlaufende Holmenkollenveien markiert ab Frognerseteren den nicht zu verfehlenden Weg, der nach rund 1,5 km an der **Holmenkollen kapell** 2 vorbeiführt. Sie wurde

Hier lacht das Skifahrer-Herz: Oslos Wahrzeichen Holmenkollenschanze

Übrigens: Man kann das gesamte Gebiet rings um Holmenkollen auch hervorragend mit dem Fahrrad entdecken. Die rund 1200 km Wanderwege, die in der Marka einladen, können befahren werden. Ein *bysykkel* (s. S. 25) muss man mitbringen.

Mitte der 1990er-Jahre originalgetreu nach Art der mittelalterlichen Stabkirchen im nationalromantischen Drachenstil erbaut, nachdem die Originalkapelle 1992 einer Brandstiftung durch Satanisten zum Opfer gefallen war. Die Kapelle gibt vor dem Panorama der in der Tiefe liegenden Stadt ein prachtvolles Bild ab. Das außerordentlich stimmungsvolle Innere mit gewaltigen Holzsäulen und feinen Holzschnitzereien sowie Rosenmalerei-Arbeiten ist leider meist nicht für die Öffentlichkeit zugänglich, da dieses Gotteshaus die beliebteste Hochzeits- und Taufkapelle der Stadt ist (Wartezeiten über ein Jahr).

Ein Stück weiter unterhalb, ebenfalls kaum zu übersehen, erhebt sich eine 6,7 m hohe Steinskulptur, die auch ohne die mächtige Knollennase sofort als Troll identifiziert werden kann. Konkret handelt es sich um den **Kollentroll** 3. Wer mehr über diese norwegische Märchengestalt wissen will, öffne die auch auf Deutsch abrufbare Website www.kollentrollet.no.

Gegenüber, auf der anderen Seite des Holmenkollenveien, lädt das in der Kollenstua-Hütte untergebrachte **Holmenkollen Besucherzentrum** 4 ein, das über den benachbarten **Holmenkollen hopptårnet** 5 informiert. Er gilt als Oslos Wahrzeichen Nr. 1, und nach einer Liftfahrt durch die Säulen des Turms steht man schließlich oben, ganz oben auf der erschreckend steilen Skisprungschanze und kann ein wahres Traumbild auf das rund 60 m tiefer gelegene Zuschauerrund sowie auf die mehr als 400 m tiefer gelegene Stadt am Fjord genießen. Gesprungen wird auf Holmenkollen übrigens schon seit 1892, doch da Oslo 2011 Austragungsort der Nordischen Ski-WM sein wird, wurde die ursprüngliche Schanze, die auch die älteste der Welt war, ab Herbst 2008 abgerissen und durch einen Neubau ersetzt.

Aber auch den Besuchern ist ein Sprung möglich, nämlich im Simulator des im Innern des Sprungturms eingerichteten **Skimuseums.** Es wurde bereits 1923 gegründet und gilt damit als das älteste Skimuseum der Welt.

Öffnungszeiten

Holmenkollen Besucherzentrum: Juni–Aug. tgl. 9–20, sonst 10–15 Uhr, Eintritt frei.

Holmenkollen hopptårnet: www.skiforeningen.no, voraussichtlich Juni, Juli, Aug. tgl. 9–20, Mai/Sept. 10–17, sonst tgl. 10–16 Uhr.

Essen und Trinken

Das Restaurant der Berghütte **Tryvannstua** 1 (Tel. 22 13 85 10, www.tryvannstua.no, Juli geschlossen, sonst Di–So 10–17, im Winter Di–Fr 10–21, Sa/So 10–17 Uhr) bietet relativ günstige Speisen (150–270 NOK) der schlichten norwegischen Küche. Was wäre schöner, als einen Waldspaziergang mit einem zweiten Frühstück oder Lunch einzuleiten.

Die ganze Stadt zu Füßen liegt dem massiven Holzbau des aus dem 19. Jh. stammenden **Frognerseteren Restaurant** 2 (Holmenkollveien 200, Tel. 22 92 40 40, www.frognerseteren.no, Mo–Fr 12–22 Uhr, Sa/So ab 13 Uhr, für

Sommerabende, vor allem am Wochenende, wird Tischreservierung empfohlen). Es gilt als ›das‹ Ausflugsrestaurant (man kann auch draußen sitzen) auf dem ›Dach der Stadt‹, doch eingedenk der satten Preise empfiehlt sich, hier lediglich auf Kaffee und Apfelkuchen (98 NOK) einzukehren und die Aussicht zu genießen.
Wenn man zur besten Aussicht auf die Stadt in ebenso eleganter wie gemütlicher Atmosphäre dinieren möchte, auch über gepflegte Abendgarderobe verfügt sowie ein üppig ausgestattetes Reisebudget, dann führt kein Weg am traditionsreichsten Restaurant des Traditionshauses Holmenkollen Park Hotel (s. S. 89) vorbei, in dem auch Mitglieder des Königshauses oft gesehene Gäste sind: **De Fem Stuer** 3 (Tel. 22 92 27 34, Mo–Sa 18–23, So 14–21 Uhr, Tischreservierung empfohlen). Wer sich à la carte nicht entscheiden kann, der folge den vom Küchenchef zusammengestellten dreigängigen Menüvorschlägen (565 NOK) der französisch verfeinerten norwegischen Küche sowie den darauf abgestimmten Weinempfehlungen (Flasche ab etwa 625 NOK). Sonntags hingegen, wenn Familientag ist, wird ein komplettes Menü mit drei Gängen zu nur 385 NOK serviert (dann nicht à la carte). Ansonsten kosten Vorspeisen 155–225 NOK, Hauptgerichte ab 300 NOK.

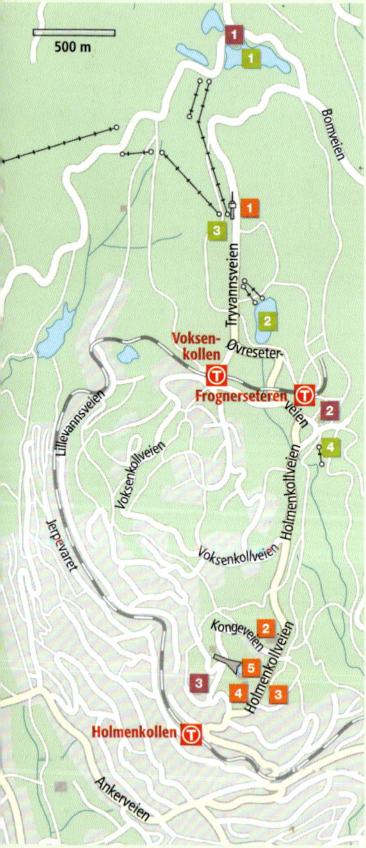

Winterfreuden

Das ›Dach der Stadt‹ mit dem **Tryvann Winterpark** 3 ist Oslos Wintersportzentrum. Auch mit Langlaufskiern, die man ausleihen kann, ist es möglich, der vorgestellten Tour zu folgen (www.tryvann.no, U-Bahn 1: Voksenkollen, dann Skibus, 20 NOK, direkt zu den Pisten, Mo–Fr 10–22, Sa/So 10–17 Uhr, Tageskarte Skilift 310 NOK, Verleih von Alpinski 310 NOK, Snowboard 310 NOK, Langlaufski 200 NOK, Schlitten ab 100 NOK).
Nicht nur für Kinder ein unvergessliches Erlebnis: eine Schlittenfahrt auf der rund 2000 m langen Rodelbahn **Korketrekkeren** 4 (Holmenkollveien, www.akeforeningen.no, Mo–Sa 10–21, So 10–18 Uhr). Bei Fullspeed benötigt man 8–10 Min., um die 255 m Gefälle zu überwinden. Schlitten kann man ausleihen (80 NOK, Kinder 50 NOK, Tandem 100 NOK). Unten angekommen, nimmt man U-Bahn 1 wieder hinauf zur Station Frognerseteren.

15 | Wo der Julenisse wohnt – Drøbak

Karte: ▶ Karte 4 | **Anfahrt:** Bus 541, 542 oder Schnellboot: Drøbak

Das malerische Holzhausstädtchen im Süden der Metropole ist so entzückend wie die Aussicht auf den Oslofjord mit all seinen stattlichen Schiffen beeindruckend. Da hier obendrein auch der norwegische Weihnachtsmann zu Hause ist und nahebei Norwegens größter Freizeitpark einlädt, kommen nicht nur große, sondern auch kleine Besucher auf ihre Kosten.

Das 38 km südlich der Metropole gelegene und etwa 3000 Einwohner zählende Fjordstädtchen ist Sommeridylle schwerreicher Norweger sowie auch Kolonie angesehener Künstler. Außerdem und insbesondere ist Drøbak aber auch Wohnort des norwegischen Weihnachtsmannes *(julenisse)*. Treffpunkt im Ort ist der hübsche gepflasterte Marktplatz, Cafés und Restaurants bieten gepflegte Gastlichkeit, und Kunstgewerbeläden sowie Galerien laden zum Shopping ein.

Alles in allem sollte man wenigstens einen halben Tag für den Ausflug ansetzen bzw. – wenn auch der am Weg liegende Freizeitpark Tusenfryd besucht werden soll – einen ganzen.

Sundblicke

Wer auf dem Seeweg nach Oslo gereist ist, hat bereits Sichtkontakt mit Drøbak gehabt, denn hier, an der Schmalstelle des Oslofjords, müssen die Schiffe so nah unter Land fahren, dass man als Passagier den Holzhäusern in die Fenster schauen kann. Von Land aus genießt man entsprechend umgekehrte Topblicke auf den schmalen Sund mit all den stattlichen Schiffen darin. Angesichts des Engpasses nimmt es nicht wunder, dass hier am 9. April 1940 der deutsche Schlachtkreuzer Blücher im Artilleriefeuer versenkt werden konnte. Durch diesen Sieg verspätete sich der deut-

Übrigens: Über die Website www.verneforeningen.no kann man sich drei Stadtwanderungen zu Drøbak downloaden (auch auf Deutsch), die je etwa 1 Std. Zeit in Anspruch nehmen und alle Highlights der Stadt beschreiben. Auch mehrere Fahrradrouten bieten sich an, Informationen sowie Radverleih über das Touristenbüro.

sche Angriff auf Oslo, und in der Folge konnte der norwegische König die Stadt gerade noch rechtzeitig verlassen.

Besuch beim Weihnachtsmann

Hier ist er also zu Hause, der in Norwegen Julenisse genannte Weihnachtsmann, und schon an der Ortseinfahrt warnt ein Verkehrsschild vor querenden Wichteln. Beim Marktplatz dann steht man dem Weihnachtshaus **Tregården's Julehus** 1 gegenüber, stilvoll untergebracht in einer Holzvilla aus dem 18. Jh. Ganzjährig kann man dort Weihnachtsgeschenke der kunsthandwerklichen Art erstehen.

Hier ist das ganze Jahr Weihnachten: Julehuset in Drøbak

Auch für Kinder gibt es reichlich zu schauen, und wer dem Julenisse schreibt (Tregården's Julehus, Havnegt. 6, N-1440 Drøbak), dessen Brief wird garantiert beantwortet. Und sogar auch mit einem speziellen Julenisse-Stempel versehen, was möglich ist, da am Marktplatz auch gleich Julenissen's Postkontor eingerichtet ist.

Fische zum Streicheln

An der, vom Marktplatz aus gesehen, linken Seite des Bootshafens liegt das 1995 eingerichtete Salzwasseraquarium und meeresbiologische Zentrum **Drøbak Akvarium** 2. In den 24 Aquarien und Becken sind Fische und andere Organismen des Oslofjords zu betrachten, der als der artenreichste Fjord des gesamten Landes gilt. In eigens dafür vorgesehenen Bassins können Kinder Kontakt mit Krabben, Seesternen und anderen Meeresbewohnern aufnehmen, während man sich im einzigen Lutefiskmuseum der Welt mit der Geschichte des gelaugten Stockfisches, der in Norwegen als Weihnachtsspeise beliebt ist (s. S. 115), vertraut machen kann.

Freizeitpark der Superlative

Tusenfryd 3 ›Tausendfreuden‹, Norwegens modernster und größter Freizeitpark, liegt etwa 30 Busminuten von Oslos Zentrum entfernt bei Vinterbro und kann auf der Rückfahrt von Drøbak aus ›mitgenommen‹ werden: Die Route von Bus Nr. 541 führt über Tusenfryd.

Es locken Dutzende Attraktionen, an denen sich nicht nur Kinder erfreuen, darunter eine der extremsten Achterbahnen Europas. Das ›Wikingerland‹

entführt in die Welt der einst so wilden Nordmänner, vom Supersplash geht's im freien Fall in die ›Welle des Jahrhunderts‹, auch ein Badeland ist angeschlossen, und die Kleinsten vergnügen sich im MiniFryd.

Infos

Drøbak Turistinformasjon: Havnegt. 4 (beim Aquarium, s. u.), 1440 Drøbak, Tel. 64 93 50 87, www.visitdrobak.no und www.visitfollo.no, Juni–Aug. Mo–Fr 8–16, Sa/So 10–16 Uhr, sonst nur Mo–Fr.

Anfahrt

Nach Drøbak verkehren Bus Nr. 541, 542 (alle 30 Min; Fahrzeit 50 Min.) ab Busterminalen beim Hauptbahnhof, im Sommer außerdem das Schnellboot M/S Prinsessen (Fahrplanauskunft über Tel. 177, www.tide.no) ab Rådhusbryggen vor dem Rathaus.

Wer nach einem Besuch von Drøbak auch Tusenfryd besuchen will, muss zurück in die Stadt und den Bus Nr. 541 nehmen, der auch von Oslo aus dorthin verkehrt; Mitte Juni–Mitte Aug. ist ab dem Busbahnhof in Oslo auch ein Shuttle-Bus im 30-Minutentakt (ab 10 Uhr) im Einsatz.

Öffnungszeiten

Tregården's Julehus: Havnegt. 6, www.julehus.no, März–Okt. Mo–Fr 10–17, Sa 10–15, Nov. Mo–Fr 10–19, Sa 10–15, Dez. Mo–Fr 10–20, Sa 10–16, zwischen Weihnachten und Neujahr tgl. 10–15 Uhr.

Drøbak Akvarium: www.akvarium.net, Mai–Aug. 10–19, Sept.–Mai 10–16 Uhr, Eintritt Erwachsene 40 NOK, Kinder 15 NOK.

Tusenfryd: www.tusenfryd.no, Mitte Juni–Mitte Aug. tgl. 10.30–17/19 Uhr, Mai und Sept. nur Sa/So; wer kleiner als 96 cm ist, zahlt nichts, bis 120 cm kostet es 240–290 NOK (je nach Saison), darüber 295–360 NOK.

Essen und Trinken

Moderne Malerei an den Wänden sowie Keramiken geben dem kleinen Café/Restaurant **Galleri Café Teskje** 1 in einem charmanten Holzhaus aus dem 18. Jh. seinen besonderen Touch (Niels Carlsensgate 7, Tel. 64 93 09 91, www.teskje.no, Di–Sa 10–17, So 12–17 Uhr, Hauptgerichte ab 90 NOK). Die Speisekarte listet hauptsächlich Tapas und Italienisches, am schönsten sitzt man draußen unter Apfelbäumen. Ein Spitzenrestaurant der italienisch verfeinerten norwegischen Küche in fantastischer Panoramalage am Jachthafen ist **Skipperstuen** 2 (Havnebakken 11, Tel. 64 93 07 03, www.skipperstuen.no, Mi–Fr 16–22, Sa 12–22, So 12–20 Uhr, Lunch um 125–160 NOK, Hauptgerichte 265–285 NOK). Die Einrichtung ist elegant-modern, die Terrasse am Meer mit Wärmelampen ausgestattet. Die Bouillabaisse (355 NOK für 2 Pers.) ist schlicht sündhaft gut, und wer das Besondere sucht, wählt aus den Menüs (zwei Gänge 365 NOK, vier Gänge 465 NOK).

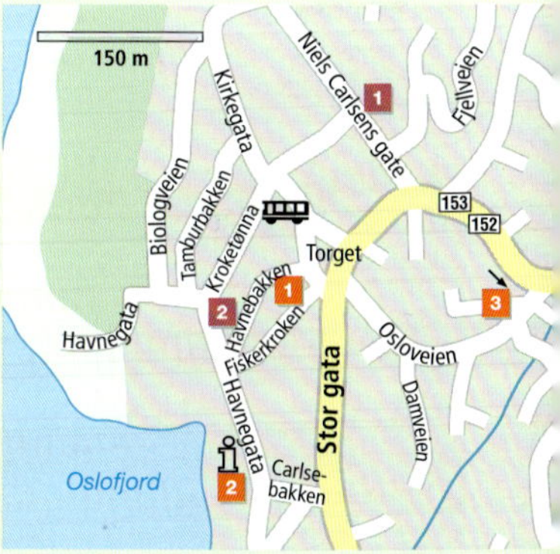

Noch mehr Oslo

Gebäude und Plätze

Christiania torv ▶ Karte 2, H 5

Sentrum, Straßenbahn 12: Christiania torv

Der ehemalige Marktplatz wurde für sein harmonisches Zusammenspiel alter und neuer Bausubstanz 2003 mit dem Architekturpreis der Stadt Oslo ausgezeichnet. Das Denkmal »Der Handschuh von Christian IV.« soll an die Stadtgründung durch den Dänenkönig erinnern.

Gamle Aker kirke ▶ J 2

Akersbakken 26, St. Hanshaugen, Bus 37: Bjerregårdsgate oder 24: Telthusbakken, ganzjährig zu den Messen (So 10–10.30 und 12–12.30 Uhr), Ende April–Ende Sept. auch Di/Fr 12–14 Uhr, Eintritt frei

Die um das Jahr 1150 aus Kalkstein im romanischen Stil errichtete dreischiffige ›Alte Aker-Kirche‹ ist das älteste Gebäude der Stadt und wird u. a. wegen ihrer Akustik geschätzt. Sehenswert im unverputzten Inneren sind die barocke Kanzel und das Taufbecken.

Oscarshall ▶ D 5

Oscarshallveien 805, Bygdøy, www.kongehuset.no, Bus 30: Bygdøy kongsgård oder Boot 91: Dronningen, Mai–Sept. Sa/So 11–17, Mitte Juni–Mitte Aug. Di–So 11–17 Uhr, Eintritt 70 NOK

Das Denkmal auf dem Christiania torv erinnert an die Stadtgründung

Das in naturschöner Umgebung auf der Museumshalbinsel Bygdøy (s. S. 46 und 49) gelegene Lustschloss König Oscars I. wurde gegen Mitte des 19. Jh. errichtet und gilt als eines der feinsten Beispiele der neogotischen Architektur in Norwegen. Die Innenräume des von 2005 bis 2009 umfassend restaurierten Palastes sind u. a. reich mit Gemälden im Stil der Nationalromantik ausgestattet und im Rahmen von geführten Touren zugänglich, die zu jeder vollen Stunde beginnen (die letzte um 17 Uhr). Gezeigt werden u.a. der prunkvolle Speisesaal sowie der Salon, außerdem die Gemächer der Königin und des Königs. Fotografieren ist verboten bzw. nur im Park erlaubt, der an den Oslofjord angrenzt und frei zugänglich ist.

Youngstorget ▶ Karte 2, J 4
Sentrum, U-Bahn: Jernbanetorget
Der Youngstorget wurde 1846 als Marktalternative zum Stortorget angelegt, da sich die Domväter dort vom Treiben der Händler gestört fühlten. Vier Jahre später wurde der große Wochenmarkt dann endgültig vom Domplatz hierher verlegt. Bis in die 1980er-Jahre hinein war das Geviert der Marktplatz von Oslo. Doch dann waren Supermärkte in, es ging bergab mit dem Torget, der teils zum Parkplatz degradiert wurde. Erst seit 1996 erfreut sich der Platz wieder allgemeiner Beliebtheit als Obst- und Gemüsemarkt. Aber auch Theaterstücke, Konzerte und Festivals werden hier aufgeführt, am 1. Mai kommt es zu Kundgebungen der Arbeiterschaft, am 17. Mai (s. S. 18) sammeln sich hier die Kinder für den traditionellen Umzug entlang der Karl Johans gate, zur Sommersonnenwende (St. Hansaften, s. S. 18) ist der Platz das Zentrum ausgelassener Feiern. Im Advent findet dort der Weihnachtsmarkt (s. S. 103) statt.

Übrigens: Die beiden Fremdenführerinnen Kristin Amundsen und Reidun Falk nehmen Oslo-Besucher mit auf einen **›Ghost Walk‹** rings um die Akershus-Festung (in norwegischer oder englischer Sprache, s. S. 43). Dagegen hat der **›Nature Walk‹** Panorama zum Thema und führt auf den Berg Vettakollen (2,5 Std., 150 NOK), ein Insidertipp für Freunde von weiten Aussichten. Der **›City Walk‹** geleitet sicher durch den Stadtdschungel des Zentrums (2 Std., 100 NOK), auch die Vigeland-Anlage (s. S. 52) wird wandernd vorgestellt. Der **›River Walk‹** folgt der schönen Akerselva (s. S. 59). Weitere Informationen über **geführte Stadtwanderungen:** Oslo City & Nature Walks, Tel. 41 31 87 40, www.oslowalks.no.

Museen

Åflaskemuseet ▶ Karte 2, J 5
Kirkegaten 10, Sentrum, www.minibottlegallery.com, Straßenbahn 12: Christiania torv, Sa/So 12–16 Uhr, während der Schulferien geschl., Eintritt 85 NOK
Das angeblich weltweit einzige Miniaturflaschenmuseum beansprucht mit rund 50 000 Flaschen auch die größte Flaschensammlung der Welt zu besitzen. Außerdem ist es ein ›Kuriositätenkabinett‹, das beispielsweise zeigt, was die Schotten unter dem Kilt tragen, wie ein Bordell von innen aussieht, oder eine Folterkammer.

Fotballmuseet ▶ außerhalb
Ullevål Stadion, Sognsveien 75 J, Eingang durch den Fußballshop Nordre Aker, www.fotballmuseet.no, U-Bahn 5: Ullevaal stadion, Mo 10–15.30, Di–Fr 10–18.30, Sa/So 11–17 Uhr, bei

Fußballspielen können die Öffnungszeiten variieren, Eintritt 80 NOK
Das Fußballmuseum beim Ullevål-Nationalstadion (25 000 Zuschauer) widmet sich der Geschichte des norwegischen Fußballs in den letzten 100 Jahren. Das hört sich langweiliger an, als es sich in Realität präsentiert, denn die gesamte Ausstellung ist mit Vorbereitung, erster Halbzeit, Pause und zweiter Halbzeit wie ein echtes Match aufgebaut. ›Nach dem Spiel‹ geht es von den Umkleideräumen aus auf eine geführte Tour durch das Stadion selbst (auch auf Englisch). Abgerundet wird der Besuch mit einem Film in norwegischer Sprache, Broschüren gibt es auch auf Englisch.

Historisk Museum ▶ H 3
Frederiks gate 2, Sentrum, www.khm.uio.no, U-Bahn Nationaltheatret, Mitte Mai–Mitte Sept. Di–So 10–17, sonst 10–16 Uhr, Eintritt frei
Das 1904 eröffnete Kulturhistorische Museum präsentiert mehrere große Sammlungen. Die frühgeschichtliche Ausstellung zeigt zahlreiche Funde aus der Stein-, Bronze-, Eisen- und insbesondere auch der Wikingerzeit – u. a. findet sich hier der am besten erhaltene Wikingerhelm der Welt. Berühmt ist die große Sammlung antiker Statuen. Der Sakralkunst des Mittelalters ist eine eigene Abteilung gewidmet (u. a. Portale von Stabkirchen). Die ethnografische Sammlung befasst sich mit dem Leben der Urvölker von Arktis, Afrika, Nord- und Südamerika sowie Ostasien, die Arktisausstellung informiert mit tausenden Exponaten über die Polarexpeditionen von Roald Amundsen. Das Münzkabinett besticht mit seiner umfassenden Münz- und Medaillensammlung.

Holocaustsenteret ▶ B 7
Villa Grande, Huk aveny 56, Bygdøy, www.hlsenteret.no, Bus 30: Bygdøyhus oder Boot 91: Bygdøynes, tgl. 11–16.30 Uhr, Eintritt 50 NOK
Das in seiner Art weltweit einzigartige Holocaustzentrum befasst sich mit den Themen Holocaust und Völkermord. Zudem informiert es ausführlich über die Lebensbedingungen unterschiedlicher religiöser und ethnischer Minderheiten auf diesem Planeten. Es will aufzeigen, wie historische Begebenheiten auch in der heutigen Gesellschaft immer noch von Bedeutung sind und hat es sich zur Aufgabe gemacht, zur Verständigung zwischen den Völkern beizutragen. Angeschlossen ist zudem eine Bibliothek, die als eine der umfassendsten zu den Themen Völkermord und Menschenrechtsverletzungen überhaupt gilt.

Ibsenmuseet ▶ Karte 2, G 4
Henrik Ibsens gate 26, www.norskfolkemuseum.no/ibsenmuseet, U-Bahn: Nationaltheatret, Ausstellung Mitte Mai–Mitte Sept. tgl. 11–18, sonst Di, Mi, Fr–So 11–16, Do 11–18 Uhr, Wohnung nur im Rahmen von Führungen (30 Min.), ganzj. 11, 12, 13 und 14, Sommer auch 15 und 16 Uhr (Ticket im Voraus kaufen), Eintritt 85 NOK
Das Museum in der letzten Wohnung des berühmtesten Dichters des Landes, in der er auch seine letzten beiden Dramen schrieb (»John Gabriel Borkman« 1896 und »Når vi døde vågner« 1899), liegt direkt gegenüber vom Schlosspark, ist originalgetreu eingerichtet und so restauriert, dass es scheint, als wäre Ibsen gerade auf ein Bier zum Grand Café (s. S. 30) hinüberspaziert, wo er täglich zu sitzen pflegte.

Internasjonale Barnekunstmuseet ▶ außerhalb
Lille Frøens vei 4, Vestre Aker, www.barnekunst.no, U-Bahn 1: Frøen stasjon, 22.6.–8.8. Di–Do und So 11–16, sonst nur Di–Do 11–14 Uhr, Ein-

Henrik Ibsens letzte Wohnung sieht so aus, als habe er sie nur gerade eben verlassen

tritt 50 NOK, Kinder 30 NOK
Die Welt mit Kinderaugen gesehen: Im Kinderkunst-Museum dreht sich alles um Kunst von und für Kinder.

Internasjonalt Kultursenter og Museum ▶ L 4

Tøyenbekken 5, Grønland, www.ikm.museum.no, U-Bahn: Grønland, Di, Mi, Fr 10–16, Do 10–20, Sa/So 12–16 Uhr, Eintritt frei
Anspruch dieser kurz als ›IKM‹ bekannten Kulturinstitution ist es, Vorurteile gegenüber fremden Kulturen abzubauen und durch visuelle Kunst zur internationalen Verständigung zwischen den Völkern beizutragen. Führungen durch die ständige und die Wechselausstellung werden u.a. in deutscher Sprache angeboten.

Kunstindustrimuseet ▶ J 3

St. Olavs gate 1, Sentrum, www.nasjonalmuseet.no, Bus 37: Nordahl Bruns gate, ganzjährig Di, Mi, Fr 11–17, Do 11–19, Sa/So 12–16 Uhr, Eintritt frei
Der Name trifft nur ungenau den Kern der Ausstellung, die Teil des Nationalmuseums für Kunst, Architektur und Design ist und norwegisches (sowie internationales) Kunsthandwerk, Mode und Design ab dem 7. Jh. präsentiert.

Auch eine reiche Silber-, Glas-, Keramik- und Möbelsammlung ist zu sehen, die Sammlung an Gobelins aus dem 16. und 17. Jh. gilt als die repräsentativste Norwegens, und auch die Trachtengalerie sucht ihresgleichen. Highlight ist auch die Kleidung der Königsfamilie mit dem königlichen Brautkleid.

Museet for Samtidskunst

▶ Karte 2, H 5

Bankplassen, Sentrum, www.nasjonalmuseet.no, Bus 60: Bankplassen, ganzjährig Di, Mi, Fr 11–17, Do 11–19, Sa/So 12–17 Uhr, Eintritt frei

Der stuckverbrämte Prunkbau der ehemaligen Nationalbank bildet den Rahmen des Museums für Gegenwartskunst seit dem Zweiten Weltkrieg, das Teil des Nationalmuseums für Kunst, Architektur und Design ist und insgesamt 4700 Werke umfasst. Außer den ständigen Ausstellungen gibt es jedes Jahr zahlreiche Wechselausstellungen über norwegische Künstler der Gegenwart.

Norsk Arkitekturmuseum

▶ Karte 2, H 5

Bankplassen, Sentrum, www.nasjonalmuseet.no, Bus 60: Bankplassen, Di, Mi, Fr 11–17, Do 11–19, Sa/So 12–17 Uhr, Eintritt frei

1000 Jahre norwegische Architekturgeschichte werden anschaulich nachzeichnet. Ein Schwerpunkt der Ausstellung sind die weltberühmten Stabkirchen, die höchste Entwicklungsstufe der sakralen Holzbaukunst und Norwegens eigenständiger Beitrag zur Architekturgeschichte der Welt.

Norsk Filmmuseet

▶ Karte 2, J 5

Dronningens gate 16, Sentrum, www.nfi.no/filmmuseet, U-Bahn: Jernbanetorget, Di, Mi, Fr 12–17, Do 12–19, Sa 12–16 Uhr, Eintritt frei

Optisches Spielzeug und interaktive Stationen informieren über die technologische Entwicklung des Films im Allgemeinen sowie die norwegische Filmgeschichte im Besonderen. Es werden auch Filme, insbesondere norwegische Kurzfilme, vorgeführt.

Norsk Medisinmuseet

▶ außerhalb L 1

Kjelsåsveien 143, Nordre Aker/Grefsen, www.tekniskmuseum.no, Bus 54 oder Straßenbahn 12: Kjelsås, 20.6.–20.8. tgl. 10–18, sonst Di–Fr 10–16, Sa/So 11–18 Uhr, Eintritt 80 NOK (gilt auch für das Norsk Teknisk Museum sowie das Telemuseum), Kinder 40 NOK

Tipps für Museumsbesucher

Ermäßigter Eintritt: Mit dem Oslo-Pass (s. S. 25) bekommt man u. a. Eintritt in die meisten Museen und Sehenswürdigkeiten. Kinder unter 4 Jahren zahlen in den Sehenswürdigkeiten der Stadt keinen Eintritt, Senioren ab einem Alter von 67 Jahren erhalten bis zu 50 % Rabatt bei Vorlage entsprechender Ausweise.
Alle Museen im Überblick: Oslo besitzt mehrere Dutzend Museen. Die Touristeninformation (s. S. 20) hält eine aktuelle Broschüre mit sämtlichen Museen und Öffnungszeiten bereit.
Museen am Montag: Der Montag ist für Museumsbesuche ein ›schwarzer Tag‹ in Oslo, da dann die meisten Sammlungen der Stadt geschlossen sind. Aber eben nicht alle. Rund ums Jahr auch am Beginn der Woche geöffnet haben u. a. die fünf Museen der Museumshalbinsel Bygdøy (s. S. 46 und 49) sowie das Hjemmefrontmuseum und das Forsvarsmuseum in der Festung Akershus (s. S. 42), außerdem das Norsk Design og Arkitektursenter (s. S. 59), das Fotballmuseum (s. S. 74) und das Sporveismuseum (s. S. 78).

Holzhausromantik

Oslo ist zwar eine Stadt aus Stein, aber dennoch finden sich in den Außenbezirken einige malerische Holzhauszeilen aus alter Zeit. Noch vor wenigen Jahrzehnten wurden die oft windschiefen ›Katen‹ durchweg von den ärmeren Bürgern der Stadt bewohnt, doch ab den 1970er/80er-Jahren rückten sie als ›Geheimtipp‹ ins Interesse auch der gehobeneren Schichten. Heute stehen die meisten der (jetzt restaurierten und unbezahlbar teuren) Häuser unter Denkmalschutz.
Rodeløkka (▶ L/M 1/2): Dieses ruhige Viertel im Stadtteil Grünerløkka wurde erst im 19. Jh. nach Oslo eingemeindet. Hier sind 137 Holzhäuser erhalten geblieben, Schwerpunkt Tromsøgata, Langgata und Solhauggata (Straßenbahn 17: Carl Berners plass).
Telthusbakken (▶ J 2): Dieser in St. Hanshaugen gelegene Straßenzug war einst Wohnort der Armen. Die hügelauf stehenden Holzhäuser wurden bereits in den 1970er-Jahren restauriert, sind teils prachtvoll anzusehen. Am besten Bus 34 oder 54: Telthusbakken.
Kampen (▶ M 4, außerhalb): Heute in Gamle Oslo/Grünerløkka gelegenes Viertel mit Holzhäusern entlang ruhiger Straßen. Bus Nr. 60: Kampen kirke, die direkt im Zentrum liegt.

Das dem Technischen Museum (s. unten) angeschlossene Norwegische Medizinmuseum will aufzeigen, wie sich das Leben der Norweger im Laufe der letzten 150 Jahre dank des Gesundheitswesens verändert hat und warum die Norweger heute im Durchschnitt rund 50 Jahre länger leben als gegen Mitte des 19. Jh. Auch über die großen Epidemien der Vergangenheit wird anschaulich informiert, und obendrein sind hunderte Instrumente und Hilfsmittel von Quacksalbern und Ärzten ausgestellt.

Norsk Teknisk Museum

▶ außerhalb L 1

Kjelsåsveien 143, Nordre Aker/Grefsen, www.tekniskmuseum.no, Bus 54 oder Straßenbahn 12: Kjelsås, 20.6.–20.8. tgl. 10–18, sonst Di–Fr 10–16, Sa/So 11–18 Uhr, Eintritt 80 NOK (gilt auch für das Norwegische Telemuseum sowie das Medizinmuseum), Kinder 40 NOK

Mit Ausstellungen zu zahlreichen Themen aus den Bereichen Naturwissenschaft und Technologie ist diese Technothek, der auch ein Erlebniscenter angeschlossen ist, Norwegens führendes Museum für Kinder und Jugendliche. Doch auch Erwachsene können hier viel Interessantes entdecken, etwa im Zentrum für Robotik.

Norsk Telemuseum

▶ außerhalb L 1

Kjelsåsveien 143, Nordre Aker/Grefsen, www.telemuseum.no, Bus 54 oder Straßenbahn 12: Kjelsås, 20.6.–20.8. tgl. 10–18, sonst Di–Fr 10–16, Sa/So 11–18 Uhr, Eintritt 80 NOK (gilt auch für Norsk Teknisk Museum und Medizinmuseum), Kinder 40 NOK

Das auf dem Gelände des Technischen Museums (s. oben) eingerichtete Norwegische Telemuseum ist der Kommunikationsgeschichte der Norweger gewidmet: von den Signalfeuern der Wikinger zum Telegrafen, vom Telefon und

Das Museum zur Stadtgeschichte, Oslo Bymuseum, im ehemaligen Frogner-Gutshof

Rundfunk bis hin zum heutigen Internet und Bildtelefon. Ansonsten gibt es hier vieles, was auf Knopfdruck Licht, Bilder oder Geräusche macht. Als vorerst letzte technische Neuheit bietet das Museum MP3-Führungen an, die die Reise durch die Telegeschichte zum zeitgemäßen Erlebnis machen.

Oslo Bymuseum ▶ E 2

Frognerveien 67/Frogner-Park, Frogner, www.oslobymuseum.no, Straßenbahn 12: Frogner Stadion, ganzjährig Di–So 11–16 Uhr, Eintritt frei

In Oslos Stadtmuseum, das im ehemaligen Frogner-Gutshof im Frogner-Park eingerichtet ist, werden alle Aspekte der rund 1000-jährigen Stadtgeschichte behandelt.

Oslo Jødisk Museum ▶ K 3

Calmeyers gate 15b,Sentrum/Hammersborg, www.jodiskmuseumoslo.no, Bus 34 oder 54: Jakob kirke/Calmeyers gate, bei Drucklegung wegen Renovierungsarbeiten geschl. (demnächst wieder Di 10–15, Do 14–19, So 11–16 Uhr), Eintritt 50 NOK

Das in einer ehemaligen Synagoge eingerichtete Jüdische Museum informiert über die Geschichte der Juden in Norwegen vom 19. Jh. bis in unsere Zeit. Neben einer permanenten Ausstellung laden wechselnde Veranstaltungen ein.

Sporveismuseet ▶ F 1

Gardeveien 15, Majorstua, www.sporveismuseet.no, U-Bahn 1: Majorstuen, ganzjährig Mo, Sa, So 12–15 Uhr, Eintritt 30 NOK

Oslos Verkehrsmuseum, eingerichtet in der originalgetreu erhaltenen Wagenhalle aus dem Jahre 1913 beeindruckt mit der größten Sammlung an Museumsstraßenbahnen und -bussen im Königreich. Auch Pferdebahnen sowie

Modellstraßenbahnen sind u. a. zu sehen. Wer immer schon mal selbst am Lenkrad stehen wollte, wird den Straßenbahnsimulator mögen. Im Sommer kann man an wechselnden Tagen Fahrten mit der Oldtimerstraßenbahn durch die Stadt unternehmen.

Teatermuseet ▶ Karte 2, H 5
Gamle Rådhus, Christiania torv 1, Sentrum, www.oslomuseum.no, Straßenbahn 12: Christiania torv, Juni–Aug. Di–So 11–16 Uhr, Eintritt frei
Gemälde, Fotos und Karikaturen, Poster, Kostüme, Bühnenbildmodelle und vieles mehr vermitteln die vielseitige und durchaus spannend aufbereitete Theatergeschichte der Stadt vom 18. Jh. bis heute. Auch zahlreiche wechselnde Veranstaltungen zum Thema Theater.

Zoo

Reptilpark ▶ J 3
St. Olavsgate 2, Sentrum, www.reptilpark.no, Bus 37: Nordahl Bruns gate, ganzjährig Di–So 10–18 Uhr, Eintritt 95 NOK, Kinder 65 NOK
Hier dreht sich alles um Frösche und Schlangen, Spinnen und Krokodile, Fische und Warane, insgesamt mehr als 100 verschiedene Arten. Jeden Dienstag ab 17 Uhr kann man der ›Fütterung der Bestien‹ beiwohnen.

Parks und Gärten

Æreslund ▶ J 2
Akersbakken 32, St. Hanshaugen, ganzjährig rund um die Uhr geöffnet, Bus 33, 37 oder 46: Stensberggata, Eintritt frei
Der auf dem Gelände des Vår Frelsers Gravlund (Friedhof unseres Befreiers) zu findende Æreslund (Ehrenhain) wurde 1903 angelegt und ist die letzte Ruhestätte auch für viele Große des norwegischen Kulturschaffens. Unter anderem wurden hier Henrik Wergeland und Henrik Ibsen, Edvard Munch und Bjørnstjerne Bjørnson begraben.

Birkelunden ▶ K 1/2
Øvre Grünerløkka, ganzjährig rund um die Uhr geöffnet, Straßenbahn 11, 12 oder 13: Birkelunden, Eintritt frei
Der ›Birkenhain‹ wurde im 19. Jh. als Grünfläche für die in Grünerløkka wohnenden Arbeiter angelegt. Heute ist er bei sonnigem Wetter der Nachmittagstreff junger und vor allem trendiger Städter, dient aber auch als Picknickplatz und Sonnenbank der Anwohner. Jeden Sonntag findet hier ein Flohmarkt statt.

Sankt Hanshaugen ▶ H/J 1/2
St. Hanshaugen, Bus 37: Collets gate/St. Hanshaugen, ganzjährig rund um die Uhr geöffnet, Eintritt frei
Früher brannten auf dem ›Sankthans-Hügel‹ die Johannisfeuer der Sommersonnenwende, heute ist der Park, der übrigens eine schöne Aussicht auf Oslo bietet, populärer Treff für Anwohner und Studenten. Ein Café serviert Pizza, Eiscreme und günstiges Bier (Mai–Sept. tgl. 12–23.30 Uhr).

Sofienbergparken ▶ K/L 2
Helgesens gate/Sofienberggata, Grünerløkka, Straßenbahn 11, 12 oder 13: Olav Ryes plass, ganzjährig rund um die Uhr geöffnet, Eintritt frei
Der mehr als 500 m lange und rund 150 m breite Sofienberg-Park ist der größte des Viertels und ›der‹ Treff der jüngeren Generation. Wie es heißt, wird stadtweit auf grüner Wiese nirgends mehr geknutscht als auf diesem ehemaligen Friedhof, der an milden Sommerabenden vor Leben überquillt.

Ausflüge

Bærums Verk ▶ Karte 4

Die im schönen Lommedal westlich von Oslo gelegene historische Eisenhütte Bærums Verk (gegründet 1610) präsentiert sich heute mit über 90 Galerien und Geschäften in zumeist historischen Bauten aus dem 17. und 18. Jh. als ein ebenso fein herausgeputztes wie malerisch anzusehendes Kunsthandwerker- und Künstlerdorf.

Im Museum können kunstvoll gearbeitete Gusseisenöfen besichtigt werden, auch ein großer Skulpturenpark lädt ein nebst einem halben Dutzend Restaurants und Cafés.

Infos

Bærums Verk: www.baerumsverk.no. Öffnungszeiten Museum Sa/So 12–16, 27.6.– 28.8. auch Mo–Fr 12–16 Uhr, Eintritt 30 NOK.

Værtshuset Bærums Verk: Tel. 67 80 02 00, www.vaertshusetbaerum.no, Mo–Fr 12–22.30, Sa ab 14, So 14–20 Uhr. Dieses Gourmetrestaurant steht für norwegische Traditionsküche, französisch verfeinert, die im stilvollen Inneren oder draußen unter alten Laubbäumen zu genießen ist. Die Lunchgerichte im ältesten Wirtshaus des Königreichs (1649) kosten zwischen 180 NOK (Elchcarpaccio) und 270 NOK (Rentierfilet mit Waldpilzen und Preiselbeeren), abends werden u. a. bis zu sechs Gänge umfassende Schlemmermenüs serviert.

Anfahrt: Bus 753 (alle 30 Min., 60 Min. Fahrzeit) oder 143 (alle 30 Min., 45 Min. Fahrzeit) ab Busbahnhof: Bærums Verk.

Forsvarets Flysamling Gardermoen ▶ Karte 4

Für Flugzeugenthusiasten ist die in Süd-Gardermoen in neue Gebäude umgezogene Flugzeugsammlung des norwegischen Heeres ein Muss, denn nicht weniger als 34 Militärmaschinen aus den Anfängen der Fliegerei bis in unsere Tage sind hier ausgestellt. Darunter sind auch mehrere Raritäten aus dem Zweiten Weltkrieg sowie sämtliche Düsenjäger-Typen der norwegischen Luftabwehr aus der Zeit des Kalten Krieges; außerdem Modelle und Uniformen.

Infos

Forsvarets Flysamling Gardermoen: www.flysamlingen.museum.no, Dez.–Feb. Sa/So 12–16, März bis 15.6. Di, Do, Sa/So 12–16 Uhr, 16.6.–15.8. Di–Do und Sa/So 11–17 Uhr, 16.8.–30.11. Di, Do, Sa/So 12–16 Uhr, Erwachsene 60 NOK, Kinder 30 NOK.

Anfahrt: Flybus (SAS-Flughafenbus): Gardermoen øvre plan (Obergeschoss), zu Fuß zum nedre plan (Untergeschoss), weiter mit Bus 855: Richtung Maura bis Lilleplassen, von dort zu Fuß in ca. 6 Min.; Gesamtreisezeit etwa 1 Std. 10 Min. Man kann das Museum gut auf der Heimreise per Flugzeug ›mitnehmen‹.

Fredrikstad

Das rund 100 km südlich Oslo an der schiffbaren Mündung von Norwegens größtem Fluss, der Glomma, gelegene Fredrikstad wurde 1567 von König Frederik II. gegründet. Mit der Altstadt Gamlebyen besitzt es die einzige erhaltene Festungsstadt Norwegens, die zugleich den Rahmen für Norwegens zweitgrößte Parkanlage bildet. Mehr als 5 km Fußwege führen durch verwinkelte Kopfsteinpflastergassen und entlang breiter Wallgräben sowie über Zugbrücken zu Kanonen, Kasematten und jahrhundertealten Häusern, in denen heute zahlreiche Künstler und Kunsthandwerker ihre Werkstätten haben. Auch gemütliche Cafés und Restaurants laden ein, im Tøyhuset (Mo–Fr 9–16, Sa 9–12 Uhr, Eintritt 40 NOK), in dem auch die Touristeninformation untergebracht ist, kann man sich über die wechselvolle Stadtgeschichte informieren, und alles in allem ist es kein Problem, hier einen halben Tag mit Sightseeing, Shopping und Genießen zu verbringen.

Infos

Gamlebyen: www.festningsbyen.no.

Fredrikstad Turistkontor: Tøyhusgt. 41, 1632 Gamle Fredrikstad (Altstadt; ausgeschildert), Tel. 69 30 46 00, www.opplevfredrikstad.com, ganzjährig Mo–Fr 9–16.30, im Sommer auch Sa 11–17 sowie So 12–17 Uhr; geführte Stadtwanderungen im Sommer Mo–Fr um 11, 13 und 15 Uhr, Sa/So um 12 und 14 Uhr.

Essen und Trinken: Etliche Cafés und Restaurants laden in der Altstadt ein, und will man gut und günstig in romantischer Atmosphäre essen, bietet sich u. a. **Peppes Pizza** (Torvgt. 57, tgl. 13–23 Uhr) an, ein Restaurant im Kellergewölbe eines Hauses aus dem 17. Jh.; auch Pasta und Salate stehen auf dem Menü, für ein Hauptgericht muss man ab etwa 130 NOK ansetzen.

Majorstuen, Voldportgt. 73, Tel. 69 32 15 55, tgl. ab 12 Uhr. Top-Adresse der Stadt, internationale Küche der preislichen Mittelklasse, aber vor allem auch norwegische Spezialitäten mit Fisch und Wild. Rustikale gemütliche Einrich-

Beliebtes Ausflugsziel mit reichlich Einkaufsmöglichkeiten ist das ehemalige Eisenhüttendorf Bærums Verk

tung, im Sommer auch zum Draußensitzen; Hauptgerichte um 250 NOK.
Anfahrt: Züge verkehren zwischen Oslo-Hauptbahnhof und Fredrikstad stdl. zwischen 6 Uhr und Mitternacht (rund 70 Min.). Aktuelle Fahrplaninfos erhält man über die Website www.nsb.no oder Tel. 81 50 08 88 (dann 4 wählen für englischsprachiges Personal). Der Bahnhof befindet sich in der Neustadt von Fredrikstad. Entlang der Jernbanegate sind es von dort aus etwa 500 m bis ans Ufer der Glomma mit der Tolbodbrygga, von wo aus im Sommer kostenlose Fährboote zur Altstadt übersetzen.

Hadeland Glassverk

► Karte 4

Das rund 60 km nordwestlich von Oslo gelegene Jevnaker ist bereits seit 1762 Standort der **Hadeland-Glasmanufaktur,** die heute zu den meistbesuchten Touristenattraktionen Norwegens zählt und sich als ein großzügig angelegtes Freilichtmuseum präsentiert. Mit mehr als 40 Glasbläsern ist die Glashütte obendrein eine der größten von Skandinavien, und die Besucher können sich frei in den Werkhallen bewegen, wo mehrsprachige Infotafeln (auch auf Deutsch) alle Arbeitsprozesse umfassend erklären, man den Handwerkern auf die Finger schauen und sich auch selbst im Glasblasen versuchen kann. Im **Glasmuseum**, dem größten des Landes, wird die Geschichte der Glasbläserei spannend aufbereitet und laden insgesamt mehr als 30 000 Glasexponate zum Betrachten ein.

Wer Glasprodukte erstehen will, kommt im **Glasshuset** garantiert auf seine Kosten, während sich im **Porselenshuset** alles um feinste Porzellanprodukte der landesweit bekannten Porsgrund Porselensfabrikk dreht. Im **Honninghuset** stehen u. a. diverse Honigsorten zum Verkauf, im **Julehuset** wird Weihnachtsschmuck angeboten, im **Kramboden** hingegen feine Feinkost aus Norwegen, während das **Interiørhuset** im Zeichen von Designerartikeln steht.

Infos

Hadeland Glassverk: Glassverkveien 9, Jevnaker, www.hadeland-glassverk.no, Glashütte, Glasmuseum sowie alle Geschäfte ganzjährig Mo–Sa 10–16, So 11–17 Uhr, Mitte Juni–Mitte Aug. Mo–Sa 10–17, So 11–18 Uhr, Eintritt 50 NOK.
Kokkestua: Das der Glashütte angeschlossene Restaurant bietet traditionelle Gerichte der norwegischen Küche für wenig Geld (Lunchmenü mit 2 Gängen ab 169 NOK).
Anfahrt: u. a. mehrmals tgl. mit Bus 171 ab Busbahnhof: Jevnaker; Reisezeit ca. 90 Min., weitere Infos über Tel. 177 sowie www.timekspressen.no.

Henie Onstad Kunstsenter

► Karte 4

Den Strömungen und Ideen der zeitgenössischen Kunst in Literatur, Musik, Tanz, Film, Theater, Architektur und Kunsthandwerk kann man sich in diesem Kunstzentrum 15 km westlich der City bei Sandvika am Oslofjord widmen. Außer einem riesigen Skulpturenpark umfasst der Komplex sechs große Ausstellungshallen von über 3000 m^2 Fläche sowie eine Bibliothek, ein Auditorium und einen Kinder-Workshop, ein Panoramacafé und preisgekröntes Restaurant. Zur Anlage gehört auch ein eigener Badeplatz.

Gegründet wurde das als Stiftung betriebene Zentrum von Sonia Onstad

– bekannt unter ihrem Mädchennamen Henie, Norwegens ›Eisprinzessin‹ und vielmalige Weltmeisterin im Eiskunstlauf – sowie ihrem Ehemann,einem milliardenschweren Reeder. Es ist die größte Sammlung ihrer Art in Norwegen, hier kann man problemlos einen ganzen Tag verbringen.

Infos

Henie Onstad Kunstsenter: www.hok.no, Di–Fr 11–19, Sa–So 11–17 Uhr, Eintritt 80 NOK.
Anfahrt: Bus 151 alle 15 Min. ab Busbahnhof: Høvikodden (25 Min.).

Skibladner

›Der weiße Schwan der Mjøsa‹, wie der Raddampfer Skibladner in Norwegen liebevoll genannt wird, unternahm am 2. August 1856 seine Jungfernfahrt auf der Mjøsa, Norwegens größtem See, nördlich von Oslo und gilt damit als die älteste noch in Betrieb befindliche Binnenseefähre der Welt. Früher wie heute verkehrt das lang gestreckte weiße Schiff auf der Route zwischen Eidsvoll am Südzipfel der in Wiesen, Felder und Wälder gebetteten Wasserfläche und Hamar im Norden bzw. umgekehrt; eine andere, aber für einen Tagesausflug zu lange Route führt bis Lillehammer.

Für das entspannte Genießen von See und mäßig reliefierter Mittelgebirgslandschaft gibt es kein geeigneteres Verkehrsmittel als dieses charmante alte Dampfschiff, auf dem man sich dank drei komfortabler Salons und eines Restaurants auch bei Regenwetter wohl fühlen kann.

Infos

Skibladner: Tel. 61 14 40 80, www.ski-bladner.no, die Tickets sollte man telefonisch oder online vorbestellen.
Verkehrszeiten: Der Dampfer Skibladner verkehrt zwischen 22. Juni und 15. August jeden So, Mi und Fr auf der Strecke Hamar (11.55, So 11.15 Uhr)–Eidsvoll (14.20 Uhr) und zurück (ab Eidsvoll 14.20, So 15 Uhr, an Hamar 17.05, So 18.05 Uhr). Eine Strecke kostet 180 NOK, Kinder bis 12 Jahre fahren kostenlos mit.
Anfahrt: per Nahverkehrszug ab Oslo-Hauptbahnhof nach Eidford, zurück ab Hamar, aktuelle Fahrplaninfos über die Website www.nsb.no oder Tel. 81 50 08 88 (dann 4 wählen für englischsprachiges Personal).

Vestfossen Kunstlaboratorium

Das Städtchen Vestfossen liegt rund eine Bahnstunde südwestlich von Oslo und besitzt mit dem Kunstlabor einen der bedeutendsten Ausstellungsorte für zeitgenössische Kunst in Norwegen überhaupt. Eingerichtet wurde die Sammlung in einem altem Fabrikgebäude aus dem Jahre 1886, dessen nur teilweise renoviertes Inneres einen außerordentlich atmosphärischen Rahmen bildet.

Infos

Vestfossen Kunstlaboratorium: Fabrikkgata 11B, Vestfossen, www.vestfossen.com.
Öffnungszeiten: Mai–Aug. tgl. 11–18 Uhr, Eintritt frei.
Essen und Trinken: Das **Café Cellulose** ist der Ausstellung angeschlossen und bietet ein abwechslungsreiches Menü der norwegischen/internationalen Küche (ab etwa 90 NOK).
Anfahrt: Genau 59 Min. ist der stdl. ab Oslo-Hauptbahnhof verkehrende Nahverkehrszug bis Vestfossen unterwegs; Fahrplaninfos s. oben, unter Skibladner.

Zu Gast in Oslo

Mit seinem kontinental geprägten Cafémilieu mutet das Theatercafeen geradezu museal an. Immerhin schon vier Generationen von Städtern pflegten in seinen illustren Räumen ihren Kaffee zu trinken. Hier wird man gesehen und sieht man, unter anderem auch Mitglieder der Hautevolee, vielleicht sogar der Königsfamilie.

Übernachten

Hohe Standards, hohe Rabatte

Zwischen imposanten Holzpalästen und postmodernen Glashaustürmen gibt es in Oslo für jeden Geschmack die richtige Unterkunft. Ergänzt wird die Palette durch Pensionen und Apartments, Jugendherbergen (Vandrerhjem: unabhängig von Alter oder Mitgliedschaft im DJH allen offen stehend) und Backpacker-Hostels (privat geführte Gästehäuser), Bed & Breakfast-Herbergen und Campingplätzen mit Hüttenvermietung.

Zwar spiegeln die Preise die durchweg hohen Komfortstandards, doch sind Rabatte von bis zu 40 % insbesondere während der Sommerferien (meist Mitte Juni–Mitte Aug.) in Hotels ab der Mittelklasse gang und gäbe. Nahezu alle diese Häuser bieten rund ums Jahr vergleichbare Wochenendtarife. Es ist also sinnvoll, die Sommerpris- sowie Helgpris-Angebote auf den jeweiligen Hotelwebseiten genau zu studieren.

Per Pass und Paket

Es lohnt sich auch stets zu prüfen, ob ein Hotel einem Pass-Rabattsystem angeschlossen ist, denn mit Hotelpässen lassen sich bis zu 50 % der Zimmerpreise sparen. Interessant sind gerade auch der kostenlose Rica Feriepass (Info-Tel. 66 85 45 60, www.rica.no) sowie der Rica Seniorpass, der die Übernachtung in den acht Rica-Hotels in Oslo auf bis zu 410 NOK pro Person im DZ reduziert (außerdem ist jede 6. Nacht kostenlos!). Eine weitere Ersparnis bietet ganzjährig das Oslo-Paket, das den Oslo-Pass (s. S. 25) sowie eine Übernachtung im Hotel inkl. Frühstück beinhaltet und je nach Hotel ab 595–1580 NOK pro Person und Tag kostet. Kinder bis zu 16 Jahren wohnen gratis im Zimmer der Eltern (und erhalten auch die Oslo-Karte gratis). Erhältlich ist das Oslo-Paket in den Auskunftstellen der Touristeninformation in Oslo oder über www.visitoslo.com.

Hier wird gebucht

Zwar finden sich im Internet viele Hotelbuchungsportale, aber bei Preisvergleichen schnitten sie durchweg nicht besser ab, als würde man bei den Hotels direkt buchen. Mit Abstand am billigsten, benutzerfreundlichsten und empfehlenswertesten bucht man über die Touristeninformation in Oslo: Tel. 81 53 05 55, Fax 22 42 92 22, booking@visitoslo.com, außerdem online über www.visitoslo.com (Bezahlung mit Kreditkarte).

Bed & Breakfast

Privatzimmer kosten in Oslo als EZ ab etwa 280 NOK, als DZ ab 450 NOK. Das Frühstück ist nicht inklusive, ein eigenes Bad nur in Ausnahmefällen. Normalerweise teilen sich zwei, drei Zimmer eines. Diese Unterkünfte tauchen in keinem Verzeichnis auf, sie werden von der Touristeninformation vermittelt, die auf Anfrage eine Liste mit allen Privatunterkünften in Oslo verschickt.

Günstig und nett

Minimalistisch – **Anker Hostel: ■ K 3,** Storgata 55, Sentrum/Grünerløkka, Tel. 22 99 72 00, www.ankerhostel.no, Straßenbahn 12, 13, 17 sowie Bus 30, 31: Hausmanns gate, ab 200 NOK/Pers. ohne Frühstück (55 NOK). Der preisgünstige Ableger des Anker Hotels (s. u.) bietet im Sommer rund 400, sonst 200 Betten in Zwei-, Vier- und Sechsbettzimmern, die alle mit Dusche und WC sowie mit Kissen und Daunendecken ausgestattet sind. Internationale Atmosphäre, viele Rucksackreisende, zentrale Lage, gehobene Ausstattung mit Küche und Café, Aufenthaltsraum und Internetzugang.

Mittelklasse im Zentrum – **Anker Hotel: ■ K 3,** Storgata 55, Sentrum/Grünerløkka, Tel. 22 99 75 00, www.ankerhotel.no, Straßenbahn 12, 13, Bus 30, 31: Hausmanns gate, EZ ab 790 NOK, DZ ab 990 NOK, auch Oslo-Paket. Modernes Mittelklassehotel zwischen Grünerløkka und der Karl Johans gate mit 137 Zimmern auf 13 Etagen, Garage und einer Lobby-Bar. Die nach vorne weisenden Zimmer bieten reiche Stadtaussicht, die nach hinten blicken auf Parkanlagen. Alle sind gepflegt und in zarten Farbtönen gehalten.

Camping und Hütten satt – **Bogstad Camping: ■ außerhalb,** Ankervn. 117, Vestre Aker, Tel. 22 51 08 00, www.bogstadcamping.no, Bus 32: Bogstad Camping (35 Min.), Zelt inkl. 2 Pers. 180 NOK, Wohnmobil 260 NOK, Hütten ab 480 NOK, im Sommer ab 880 NOK. Der Komfortplatz liegt landschaftlich schön und panoramareich am Rande der Marka (Wander- und Radelmöglichkeiten) und in der Nähe des Badesees Bogstadvannet 9 km außerhalb des Zentrums. Mit 16 ha Fläche und rund 1000 Stellplätzen ist er der größte Platz des Landes mit allen Annehmlichkeiten eines Touristenzentrums. Die 46 Vierbetthütten gibt es in drei Komfortstufen, alle sind winterisoliert.

Pension beim Schloss – **Cochs Pensjonat: ■ G 3,** Parkveien 25, Frogner, Tel. 23 33 24 00, www.cochspensjonat.no, Straßenbahn 17, 18: Høgskolen, EZ 480–630 NOK, DZ 680–840 NOK. Die renovierte Pension nahe dem Schlosspark existiert seit nunmehr 100 Jahren. Die 88 Zimmer auf fünf Etagen sind minimalistisch eingerichtet, aber günstig. Teils haben sie Gemeinschaftsbad, teils Kitchenette. Die Zimmer nach vorn können laut sein.

Günstiger Klassiker – **Hotel Bondeheimen Best Western: ■ Karte 2, H 4,** Rosenkrantzgate 8, Sentrum, Tel. 23 21 41 00, www.bondeheimen.com, U-Bahn: Stortinget, EZ 730 (WE/Sommer)–1355 NOK, DZ 940–1415 NOK, auch Oslo-Paket. Nur rund 100 m trennen dieses bald 100 Jahre alte Traditionshaus vom Parlamentsgebäude – günstiger kann man zentral nicht wohnen in Oslo. Künstler wie Sigrid Undset und Knut Hamsun fühlten sich hier wohl. Seit der vollständigen Renovierung tun das heute vor allem Touristen und Geschäftsreisende. Die 127 Zimmer sind angenehm dimensioniert und hell, machen einen frischen Eindruck und bieten durchweg Mittelklassekomfort. Wer absolute Ruhe will, sollte ein Zimmer zum Innenhof buchen.

Die Langzeit-Alternative – **Oslo Apartments: ■ A/B 2,** Harbitzalléen 7, Ullern/Skøyen, Tel. 22 51 02 50, www.osloapartments.no, Einzimmerapartments ab 630 NOK, zwei Zimmer ab 790 NOK/Tag. Wer mindestens drei Übernachtungen oder einen Langzeitaufenthalt plant, kann diese preisgünstige und komfortable Alternative wählen. Die Apartments (mit bis zu sechs Zimmern) befinden sich 3 km außerhalb in einem gepflegten Vorort sowie auch an der Aker Brygge. Sie sind alle komplett eingerichtet und von hohem Standard; Bettwäsche, Handtücher etc. werden gestellt. Auch eine Garage ist teils im Preis enthalten.

Budgetgerecht im Grünen – **Oslo Vandrerhjem Haraldsheim: ■ außerhalb,** Haraldsheimvn. 4, Bjerke/Nordre Aker, Tel. 23 22 29 65, www.haraldsheim.no, Straßenbahn 17 oder Bus 31: Sinsenkrysset, Lokalzug: Grefsen, ab 245 NOK/Pers., EZ ab 415 NOK, DZ ab 540 inkl. Frühstück (Rabatt für DJH-Mitglieder). Dreisterne-Herberge in naturschöner und doch recht zentraler Lage im Grünen, 4 km vom Zentrum. Das hohe Komfortangebot (u. a. mit Küche, Aufenthaltsraum, Restaurant, Garten, Internet) und die internationale Atmosphäre sind stark nachgefragt. Über 270 Betten in rund 70 Vierbett- sowie Doppel- und Einzelzimmern, davon die Hälfte mit eigenem Bad/WC.

Kostenlos zelten mitsamt Duschen und Seeblick kann man auf der im Oslofjord gelegenen **Insel Langøya** zwischen Mitte/Ende Mai und Ende August. Insbesondere der Norden der Insel ist bei Campern beliebt, dort finden sich schöne Badestrände. Das Fährboot 94 verkehrt ab Vippetangen unterhalb der Akershus Festung täglich siebenmal zwischen 9.30 und 19.45 Uhr (im Hochsommer bis 21.05 Uhr; ›Retourbillet‹ hin und zurück 40 NOK). Auf der Insel selbst geht man zu Fuß, denn Autos gibt es hier keine. Infos über diese Insel sowie andere stadtnahe Eilande im Fjord unter www.oslooyene.no.

Internationaler Backpacker – **Perminalen Hotel: ■ Karte 2, H 4** Øvre slottsgate 2, Sentrum, Tel. 23 09 30 81, www.perminalen.no, U-Bahn: Stortinget, ab 370 NOK/Pers. im Vierbettzimmer, DZ 840 NOK, EZ 620 NOK, jeweils inkl. Frühstück. Mitten im Zentrum gelegenes Backpacker-Hostel mit 157 Betten in Ein-, Zwei- und Vierbettzimmern (alle mit Bad/WC, die Vierbettzimmer mit Doppelstockbetten). Ein Aufenthaltsraum sowie eine Cafeteria stehen zur Verfügung.

Stilvoll wohnen

Wohlfühlhotel nicht nur für Frauen – **Comfort Hotel Gabelshus: ■ E 4,** Gabels gate 16, Frogner, Tel. 23 27 65 00, www.gabelshus.no, Straßenbahn 13: Skillebekk, EZ ab 825/925 (WE/Sommer) NOK, DZ ab 1055/1155 NOK, sonst EZ ab 1295 NOK, DZ ab 1795 NOK. Dem mit Wein bewachsenen Schmuckbau aus dem frühen 20. Jh. kann man im renovierten Innern unschwer ansehen, dass in diesem Haus seit bald 100 Jahren stets Frauen das Sagen haben. Insbesondere die Zimmer oben unter dem Dach haben von Design und Einrichtung, aber auch von der Größe und der Form her unbedingt den femininsten Touch. In Kontrast dazu stehen die ›neuen‹ Zimmer, in denen schweres Eichenmobiliar und helle Wände Gegensätze bilden.

Spitzenklasse aus alter Zeit – **Grand Hotel Rica: ■ Karte 2, H 4,** Karl Johans gate 31, Sentrum, Tel. 23 21 20 00, www.grand.no, U-Bahn: Stortinget, WE/Sommer EZ ab 1575 NOK, DZ ab 1795 NOK, sonst EZ ab 2075 NOK, DZ

Noble Bleibe mit rustikalem Charme: Hotel Holmenkollen

ab 2325 NOK; auch Oslo-Paket. Wer sich in Oslo etwas Besonderes gönnen will, dem sei dieses führende Traditionshotel empfohlen, das mit seinen 290 Zimmern und Suiten seit 1874 als ›die‹ Adresse an der Karl Johans gate gilt. Mit seinem charakteristischen Uhrturm ist es ebenso eine Landmarke wie das gegenüberliegende Parlamentsgebäude. Innen wie außen verströmt das Haus Eleganz und Noblesse. Unter anderem bietet es seinen Gästen mehrere erstklassige Restaurants und Bars, nicht zuletzt auch ein Hallenbad in der obersten Etage. Bei Nobelpreisträgern, Staatsoberhäuptern und Popstars gleichermaßen beliebt.

Panorama und Luxus satt – **Holmenkollen Park Hotel Rica: ■ Karte 5,** Kongeveien 26, Marka, Tel. 22 92 20 00, www.holmenkollenparkhotel.no, U-Bahn 1: Holmenkollen, im Sommer EZ ab 850 NOK, DZ 950 NOK, sonst EZ ab 1295 NOK, DZ ab 1555 NOK am Wochenende bzw. werktags EZ ab 1575 NOK, DZ 1825 NOK; auch Oslo-Paket. Der vor über 100 Jahren im nationalromantischen Drachenstil errichtete rote Holzpalast mit ungemein reichem Schnitzwerk und Giebelfiguren liegt 350 m über dem Meer am Waldrand der Nordmarka in direkter Nachbarschaft zur Holmenkollen-Sprungschanze. Verschiedene Bars, Restaurants und Salons sowie ein Wellnesscenter verwöhnen mitunter sogar Gäste der königlichen Familie, und die üppig dimensionierten Zimmer bieten alles, was das Eleganz gewöhnte Herz begehrt.

Eleganz mit Geschichte – **Hotel Continental: ■ Karte 2, H 4,** Stortings gate 24–26, Sentrum, Tel. 22 82 40 00, www.hotel-continental.no, U-Bahn Nationaltheatret, WE/Sommer EZ ab 1565 NOK, DZ 1790 NOK, sonst EZ ab 2580 NOK, DZ ab 2995 NOK; auch Oslo-Paket. Dieses erstklassige und traditionsreiche Haus gegenüber dem Nationaltheater ist seit vier Generationen in Familienbesitz und steht dem Grand Hotel (s. o.) in nichts nach. Zudem ist es Mitglied im erlesenen Kreis der Leading Hotels of the World und gilt mit seinen 154 Zimmern teils im klassischen, teils modern inspirierten Stil als eine der feinsten Adressen in Skandinavien.

Essen und Trinken

Norwegische Küche

Die typisch norwegische Küche ist bodenständig, hat sich aber in den letzten Jahren zumindest in der Landeshauptstadt in Richtung auf eine Feinschmeckerküche entwickelt. Dabei wurde die Spitzengastronomie insbesondere von Frankreich beeinflusst, doch auch aus Italien und Spanien kamen kulinarische Bereicherungen für die sogenannte neo-norwegische Küche. Die japanische Sushi-Tradition hat ebenfalls viele Freunde gewonnen, die leichte Thai-Küche ist schon seit Jahren in der Gastronomie angesagt, ebenso chinesische und indische Restaurants. So multikulturell, wie Oslo heute ist, wird auch gekocht und gespeist.

Preise

Essen gehen ist in Oslo nicht gerade billig, das Preisniveau in den Restaurants liegt durchweg 30–50 % über dem mitteleuropäischen. Aber viele Lokale bieten mittags ein spezielles und stets günstiges *dagens rett* (Tagesgericht), auch als *dagens tallerken* (Tagesteller) bezeichnet. Häufig sind im Preis solcher Tagesgerichte Brot, Salat, Wasser und Kaffee eingeschlossen. Dank rauschhafter Steuersätze ist Alkohol sündhaft teuer in Norwegen, und wer Wein zum Essen zu bestellen pflegt, sollte ein spezielles Budget einplanen: unter etwa 500 NOK ist kaum eine Flasche zu bekommen. Aber auch Softdrinks sind im Restaurant mit mindestens 20–25 NOK je 0,3 l nicht gerade günstig, Mineralwasser muss mitunter mit bis zu 40 NOK je 0,5 l bezahlt werden. Die günstigste Alternative ist Leitungswasser – das gibt es überall kostenlos zum Essen, und die Wasserqualität in Oslo, so heißt es, ist höher als bei manchem deutschen Quellwasser.

Kulinarischer Tagesablauf

Die allermeisten Unterkünfte in Oslo und schon gar die Hotels bieten morgens zwischen 7 und 10 Uhr ein im Übernachtungspreis enthaltenes *frokost* (Frühstück), das zumeist in Buffetform serviert wird und außerordentlich üppig ist.

Das Mittagessen heißt in Norwegen *lunsj*, wird meist zwischen 12 und 14 Uhr serviert und im Sinne des englischen Lunch verstanden, ist also eher ein kleiner Imbiss, ein Salat oder Obstteller, wenn nicht ein Smørbrød, ein mit Käse und Wurst, Lachs, Garnelen und Salatblättern geadeltes Brot oder Brötchen, gerne auch Baguette.

Die warme Hauptmahlzeit des Tages, das deutsche Mittagessen, heißt hier *middag*, doch wird sie nicht mittags, sondern zwischen 16 und 18 Uhr eingenommen. So ist es Brauch in den meisten Familien, in den Restaurants wird *middag* jedoch im Sinne des englischen Dinner verstanden und in der Regel zwischen 18 und 21 Uhr serviert. *Middag* ist, verglichen mit dem Lunch, stets ein teures Vergnügen, erst recht,

Trikk/Tram

12

wenn es eine Flasche Wein dazu geben soll. Damit ist es etwas Besonderes, und so leger Norweger sonst auch gekleidet sein mögen: zum Restaurantbesuch wirft man sich in Schale, auch Anzug und Krawatte gehören in vielen Spitzenlokalen zum guten Ton.

Fettnäpfchen

Wer in Oslo in ein Restaurant kommt, sich umschaut und zielstrebig an einem freien Tisch Platz nimmt, wird zumindest in den Lokalen der Spitzengastronomie sofort als unwissender Tourist entlarvt. Auch in vielen Mittelklasserestaurants ist es zunehmend eine Frage der Etikette zu warten, bis ein Kellner kommt und einen Tisch zuweist. Auch ist es durchaus üblich, vorher telefonisch oder auch per Mail einen Tisch zu bestellen. Ärger handelt man sich ein, wenn man das in Norwegen geltende generelle Rauchverbot in Gaststätten missachtet. Wer das Rauchen nicht lassen kann, geht einfach, selbst in einem Gourmettempel mit Michelinstern(en), vor die Tür – das machen auch die Norweger, egal welcher Gesellschaftsschicht.

Restaurantmeilen

In einigen Straßen des Zentrums findet sich jeweils eine stattliche Zahl an Gastronomiebetrieben unterschiedlicher Ausrichtung, sodass Sie sich hier selbst umsehen und spontan entscheiden können: Karl Johans gate (► J 4–H 4) mit hoher Konzentration an Restaurants, die aber relativ teuer sind; Aker Brygge (► G 5) mit schwimmenden Kaicafés und durchgestylten Restaurants die ihr eine Reputation als Schlemmermeile eingebracht haben; Thorvald Meyers gate (► K1–K3) mit multikultureller und alternativer Gastronomie.

Cafés und Lunch-Restaurants

Wie vor 100 Jahren – **Café Christiania: ■ Karte 2, H 4,** Nedre Vollgate 19, Eingang Stortingsgaten, Sentrum, Tel. 22 01 05 10, www.cafechristiania.no, U-Bahn: Stortinget, Mo–Sa ab 11 Uhr, Tischreservierung empfohlen, Lunch ab 115 NOK, Vorspeisen um 120 NOK, Hauptgerichte 280 NOK. Direkt gegenüber vom Parlament im über 105 Jahre alten Schmuckbau der Freimaurerloge gelegen, ist das Café Christiania geprägt von der Geschichte des Landes. Das spiegelt sich nicht nur in der stuckverbrämten Einrichtung wider, sondern auch in den klassischen Spezialitäten, die im Sommer auch auf der geräumigen Dachterrasse serviert werden. Kann es ab 11 Uhr schon oft schwer sein, ohne Tischreservierung einen Platz zu bekommen, so erst recht zwischen 12 und 17 Uhr, wenn es Zeit ist für den Afternoon Tea nach britischem Vorbild (235 NOK bzw. mit Champagner 335 NOK). Abends gibt es täglich wechselnde Kreationen der gehobenen Küche (285 NOK inkl. Dessert), samstags wird ein dreigängiges Menü angeboten (350 NOK).

Oma Plüsch lässt grüßen – **Cafe Sorgenfri: ■ G 5,** Bryggetorget 4, Sentrum/Aker Brygge, Tel. 21 50 10 90, www.cafesorgenfri.no, Straßenbahn 12: Aker brygge, Mo–Sa 11–0.30, So 13–22 Uhr, Lunch 95–290 NOK, Hauptgerichte 195–285 NOK. Von wegen Minimalismus! Oslos letzter Schrei an Gemütlichkeit ist ein Schritt zurück zu den Zeiten von ›Oma Plüsch‹. Intention der Gründer war, mit dem ›Café Sorgenfrei‹ nichts weniger als das ›maximalistischste‹ Restaurant des Königreichs zu schaffen. Es ist gelungen. Da sitzt man dann, weiß gar nicht, wohin

Tagsüber Teestube und abends Cocktailbar – die Tea Lounge in Grünerløkka ist beides

schauen vor lauter Nippes und Antiquitäten und erfreut sich an der warmen Atmosphäre sowie an ganz unprätentiösen Mittagsgerichten wie belegte Brote (115 NOK) oder an den großen Lunch-Platten (Viererlei zu 255 NOK). Populär ist auch der Muschelteller (400 g zu 175 NOK). Der Renner unter den Hauptgerichten ist die cremige Fischsuppe (190 NOK).

Originalgetreu im Jugendstil – **Theatercafeen: ■ Karte 2, H 4,** Stortingsgata 24–26, Sentrum, Tel. 22 82 40 50, U-Bahn: Nationaltheatret, Mo–Sa 11–23, So 15–22 Uhr, Tischreservierung ist erbeten, Vorspeisen 110–305 NOK, Hauptgerichte 225–415 NOK. Das Theatercafeen (s. auch S. 84/85) ist ein Wahrzeichen Oslos, eines der wenigen noch originalgetreuen Jugendstil-Kaffeehäuser Europas. Seit 1984 steht es auf der New York Times' Top-Ten-Liste der besuchenswertesten Cafés auf Erden. Einst Knut Hamsuns Stammlokal, ist es heute Prominententreff und entsprechend teuer auch zur ›günstigen‹ Lunchzeit (Sandwiches kosten dann ab 115 NOK).

Gourmet-Lokale

Norwegens bestes – **Bagatelle Restaurant: ■ F 4,** Bygdøy allé 3, Frogner, Tel. 22 12 14 40, www.bagatelle.no, Straßenbahn 12, 13: Solli plass, Mo–Sa 18–23 Uhr, Tischreservierung empfohlen, Menüs ab 750–1350 NOK. Den zwei Sternen im Michelin-Führer sowie der Mitgliedschaft im ›Grand tables du monde‹ nebst ›Grand chefs relais & chateaux‹ braucht man weitere Erläuterungen kaum hinzuzufügen. Für sich sprechen das modernistische Ambiente, die elegante Atmosphäre sowie das 13

Gänge umfassende Grand menu (1480 NOK). Wer à la carte bestellt, wählt aus den ständig wechselnden sechs Vorspeisen und Hauptgerichten. Das Lokal war zur Zeit der Recherchen wegen Renovierung geschlossen, sollte im Frühling 2011 wieder eröffnet werden.

Italienisches allerfeinst – **Baltazar: ■ Karte 2, J 4,** Dronningens gate 27, Sentrum, Tel. 23 35 70 60, www.baltazar.no, U-Bahn: Jernbanetorget, Mo–Sa 11.30–22 Uhr, Tischreservierung empfohlen, Menüs ab 595 NOK. Laut zahlreichen Pressemeldungen gehört das in den Basarhallen eingerichtete Baltazar zu den besten italienischen Restaurants von Stadt und Land. Wer hier einmal die exklusive norditalienische Küche dieses Spitzenhauses gekostet hat, wird schlicht begeistert sein – und täglich wiederkommen wollen. Die durch leise Jazzuntermalung aufgelockerte Atmosphäre ist außerordentlich behaglich, die Bedienung perfekt. Das romantischste Ambiente bietet die obere Galerie, wo man alles im Blick hat. Wer aus den Saisonmenüs wählt, macht bestimmt keinen Fehler. Mit 595 NOK ist die viergängige Speisefolge nicht zu teuer bezahlt.

Nomen est omen – **Feinschmecker: ■ E 3,** Balchens gate 5, Frogner, Tel. 22 12 93 80, www.feinschmecker.no, Bus 30, 31: Frogner kirke, Straßenbahn 12: Elisenberg, Mo–Sa 16.30–24 Uhr, Tischreservierung empfohlen, Menüs ab 475 NOK, Hauptgerichte 295–385 NOK, Wein ab 495 NOK. Der dritte (Michelin-)Stern im Trio der Gourmet-Spitzenreiter von Oslo, dabei das einzige Feinschmeckerrestaurant, in dem auch Vegetarier mit einem eigenen Menü (575 NOK) bedacht werden. Das täglich wechselnde *Dagens meny* bietet für 765 NOK einen sehr guten Gegenwert. À la carte kann man stets zwischen fünf Vorspeisen und acht Hauptgerichten wählen.

Ambitioniertes Villenrestaurant – **Le Canard: ■ F 3**, President Harbitz gate 4, Frogner, Tel. 22 54 34 00, www.lecanard.no, Straßenbahn 19: Uranienborg skole, Mo–Sa 18–0.30 Uhr, Tischreservierung empfohlen, Menüs 695–1095 NOK. Hervorragende norwegische Rohwaren, mit französischem Know-how veredelt, werden zu wahren Kunstwerken zusammengestellt und in den klassisch möblierten Speiseräumen, mehreren Chambre Séparées sowie im Sommer auf der Speiseterrasse unter Markisen serviert. Es ist kein Problem, hier beim siebengängigen Menü ›Opplevelsesreisen‹ inklusive dem darauf abgestimmten Weinmenü 1600 NOK pro Person auszugeben. Viele Feinschmecker ziehen dieses Villen-Restaurant,

Museumscafés

Den allermeisten Museen der Stadt sind Cafés angeschlossen, wo in aller Regel nicht nur Getränke, Kuchen und Snacks serviert werden, sondern auch preislich günstige und oft ganz ausgezeichnete Lunchgerichte. Viel Lob wegen der guten norwegischen Küche bekommt das **Café Arkadia** im Norsk Folkemuseum (s. S. 47). Die Öffnungszeiten korrespondieren mit denen der Ausstellungen. In einige Museumscafés kann man auch ohne Museumsbesuch einkehren. Auch draußen zu sitzen ist vereinzelt möglich, zum Beispiel im Café des Munch-Museums (s S. 62).

Sie sitzen in einem Restaurant, denken an nichts Böses und werden plötzlich mit fragenden Blick zu einem freien Stuhl an ihrem Tisch auf Norwegisch gefragt: **»Er det opptatt her?«** Vom Deutschen her gewohnt, mit »Ist der frei?« gefragt zu werden, kann man nun leicht genau die falsche Antwort geben, nämlich zustimmend nicken. Denn der höfliche Frager wollte eigentlich wissen, ob der Stuhl bereits besetzt ist.

obwohl mit ›nur‹ einem Michelinstern geschmückt, dem Bagatelle vor.

Beim norwegischen Starkoch – **Statholdergaarden: ■ Karte 2, J 5,** Rådhusgata 11, Sentrum, Tel. 22 41 88 00, www.statholdergaarden.no, U-Bahn: Stortinget, Bus 60: Bankplassen, Mo–Sa 18–24 Uhr, Tischreservierung empfohlen. Dieses ganz im Stil des 18. Jh. eingerichtete und insgesamt aus fünf kleinen Speisesälen bestehende Restaurant ist eines der feinsten von Stadt und Land und trägt inzwischen ebenfalls einen Michelinstern. Die Stuckverzierungen unter den Decken (die als die schönsten des europäischen Nordens gelten) wären schon allein einen Besuch wert. Wer hier einmal gespeist hat, der wird verwöhnt sein, denn Chefkoch Bent Stiansen gilt als einer der besten Köche der Welt. 1993 gewann er schon im Alter von 23 Jahren den Bocuse d'Or. Das kann man allerdings auch preislich spüren. Für Vorspeisen muss man um 220 NOK ansetzen, für Hauptgerichte im Durchschnitt etwa 400 NOK, für Menüs zwischen 875 und 1150 NOK. Das ist aber noch günstig im Vergleich zu mancher Flasche Wein, die hier bis über 4800 NOK kosten kann.

Gut und günstig

Japanisch kreativ – **House of Sushi: ■ C 3,** Karenslyst allé 12, Frogner, Tel. 23 27 00 23, www.houseofsushi.no,

Grand Café auf der Karl Johans gate: Hier hat man die wichtigste Flaniermeile gut im Blick

Bus 30: Frognerkilen, Mo–Fr ab 11, Sa/So ab 15 Uhr, Sushi ab 18 NOK, Hauptgerichte 179–205 NOK. Weiße Wände und hell strahlende Spots, geschmackvolle Möbel in Rot und stilvolle Kalligrafien prägen das Innere dieser populären Sushi Bar, die sich zudem als Restaurant auch der thailändischen und vietnamesischen, chinesischen und mongolischen Küche entpuppt. Die Sushi-Liste ist imponierend. Sushi-Anfängern sei empfohlen, ein bereits fertig komponiertes Sushi-Menü zu bestellen, das es hier in allen Größen ab 179 NOK gibt.

Oslos Preisbrecher – **Krishnas cuisine: ■ E 1,** Sørkedalsveien 10B im Colosseum Senter, Frogner, Tel. 22 60 62 50, www.krishnas-cuisine.no, U-Bahn alle Linien oder Straßenbahn 11, 12, 15, 19: Majorstuen, Mo–Fr 11–20, Sa 11–18 Uhr, Gerichte ab 55 NOK, kein Alkohol. In dem aus der Hare-Krishna-Bewegung hervorgegangenen und recht minimalistisch eingerichteten Selbstbedienungsrestaurant feinster ayurvedischer Esskultur können auch erklärte Fleischfans auf den vegetarischen Geschmack kommen. Hier wird mit Leib und Seele gekocht. Günstiger wird man in Oslo kaum vergleichbar Gutes zu essen bekommen. Der Tagesteller (125 NOK) umfasst ein warmes Tagesgericht sowie Suppe, Salat, Chutneys und Beilagen. Man kann so oft Nachschlag holen, wie man möchte. Bestellt man lediglich das Tagesgericht, zahlt man 85 NOK, der Salatteller kostet 80 NOK, die Tagessuppe (mit Reis oder Brot serviert) kann für 55 NOK durchaus sättigen. Auch das Dessert ist mit 25 NOK unvergleichlich billig.

Innovative Küche – **Sult: ■ K 1,** Thorvald Meyers gate 26, Grünerløkka, Tel. 22 87 04 67, www.sult.no, Straßenbahn 11, 12, 13: Birkelunden, Mo–Fr 16–1 Uhr, Sa/So 13–1 Uhr, Fr und Sa nur mit Tischreservierung, Vorspeisen ab 95 NOK, Hauptgerichte ab 180 NOK. Der schlichten Einrichtung zum Trotz ist das Sult das Kult-Restaurant im Viertel, denn die ›neo-norwegische‹ Küche ist innovativ und die Portionen sind so gut bemessen, wie der Name (*sult* heißt Hunger) vermuten lässt. Wartezeiten sind meist unvermeidlich – klassisch verbringt man sie im angrenzenden Tørst (Durst) bei einem Aperitif (ab 80 NOK).

Immer wieder indisch – **The Great India: ■ Karte 2, H 3,** Kristian Augustsgate 14 (Eingang Universitetsgaten), Sentrum, Tel. 22 20 03 89, www.thegreatindia.com, Bus 11, 13, 17, 18: Tullinløkka, Mo–Sa 15–23, So ab 15 Uhr, Vorspeisen ab 65 NOK, Hauptgerichte ab 155 NOK. In warmen Farben gehaltenes Kellerlokal, gemütlich und stilvoll indisch eingerichtet. Die Speisen sind authentisch, auf der Karte stehen sowohl ein Vegetarier-Menü wie auch je eines zu Tandoori-, Biryani-, Huhn- sowie Lamm-Gerichten. Wer sich angesichts der enormen Auswahl nicht entscheiden kann, wählt am besten eine der 3-gängigen Empfehlungen des Hauses (ab 265 NOK).

Szene und Ambiente

Mexikanisches Trendlokal – **Mucho Mas: ■ K 2,** Thorvald Meyers gate 36, Grünerløkka, Tel. 22 37 16 09, www.muchomas.no, Straßenbahn 11, 12, 13: Olav Ryes plass, Mo–Fr 11–0.30, Sa ab 13 Uhr, Lunch 115 NOK, Abendessen (*middag*) ab 132 NOK. Die hausgemachten Nachos und Quesadillas, Burritos, Tostadas und Tacos in diesem mexikanischen In-Restaurant könnten besser nicht sein. Wünschen würde man sich jedoch etwas mehr Platz, denn mehr als 20–30 Personen können hier beim besten Willen nicht bewirtet werden. Das Publikum ist vorwiegend jung (und abends trendy), die Preise sind äußerst moderat, und auch Alkohol wird hier günstig ausgeschenkt: Tequila kostet 60 NOK, der halbe Liter Bier oder auch ein Glas Wein kosten je um 60 NOK.

Stilvoll stillos – **Oslo Hard Rock Café: ■ Karte 2, H 4,** Karl Johans gate 45, Sentrum, Tel. 40 00 62 60, www.hardrockcafe.no, U-Bahn: Nationaltheatret, Mo–Sa ab 11, So ab 12 Uhr, Lunch 105 NOK, Salate ab 125 NOK, Hauptgerichte ab 225 NOK. Eines der 131 Hard Rock Cafés auf Erden, und hier wie überall gibt es gute Musik zu amerikanisch inspiriertem Essen in einem angenehmen Ambiente aus US-Tradition und norwegischem Stil. Die sieben Lunchgerichte sind mit generell 150 NOK unschlagbar günstig, auch die Burger (ab 165 NOK) können begeistern, und für den großen Hunger empfehlen sich die üppigen Bar-B-Que-Gerichte, die ab 220 NOK kosten.

Der Geschmack des Meeres – **Restaurant Havsmak: ■ Karte 2, G 4,** Henrik Ibsens gate 4, Sentrum, Tel. 24 13 38 00, www.havsmak.no, U-Bahn: Nationaltheatret, Mo–Sa 11–23, So 12–22 Uhr, Tischreservierung empfohlen, Lunch/Vorspeisen ab 110 NOK, Hauptgerichte 100–344 NOK. Wie es heißt, genießt das Restaurant nicht nur einen Blick aufs Königliche Schloss, sondern pflegt auch eine ›königliche‹ Küche bei ›bürgerlichen‹ Preisen: Das täglich neu zusammengestellte Tagesmenü kostet ab 170 NOK. Insbesondere die Lunch-Gerichte (z. B. Fischsuppe, 110 NOK) bieten ein sehr gutes Preis-Leistungs-Verhältnis, und wer sich etwas Besonderes gönnen will, wählt die große Schalentierplatte, die mit Tsatsiki, Äïoli und Vinaigrette serviert wird (575 NOK, mind. 2 Pers.).

Ein Platz an der Sonne – **Solsiden: ■ Karte 2, H 5,** Søndra Akershuskai 34, Sentrum, Tel. 22 33 36 30, www.solsiden.no, Straßenbahn 12: Christiania torv, Anfang Mai bis Ende Aug. tgl. 17–23 Uhr, abends reservieren, Vorspeisen ab 125 NOK, Hauptgerichte um 280 NOK. Der Name Solsiden gibt die Realität wieder, denn in der Tat befindet sich dieses Spezialitäten-Restaurant auf der ›Sonnenseite‹ an der historischen Akershus-Promenade direkt unter der Festung. Am frühen Abend bietet es einen herrlichen Blick über den Oslofjord, weshalb dann die Freiluftplätze auch am stärksten gefragt sind. Wer sich einen größtmöglichen Geschmacksüberblick verschaffen will, wählt ein Menü (ab 450 NOK) oder die große Meeresfrüchteplatte, die zwar 655 NOK pro Person kostet (mind. 2 Pers.), aber dafür auch mit Austern und Krebsen, Krabben, Garnelen und Hummer begeistert.

Typisch Norwegisch

Bodenständiges – **Det Gamle Rådhus: ■ Karte 2, H 5,** Nedre Slottsgt. 1, Sentrum, Tel. 22 42 01 07, www.gamleraadhus.no, Straßenbahn 12: Christiania torv, Mo–Sa ab 16 Uhr, Vorspeisen 115–165 NOK, Hauptgerichte ab 248 NOK. Norwegische Spezialitäten, insbesondere Fisch- und Wildgerichte, mit Idealismus serviert im alten Rathaus aus dem 17. Jh. In der Vorweihnachtszeit ist Lutefisk (s. S. 115) eine Empfehlung, im Sommer wird auch im angeschlossenen Gartenrestaurant serviert.

Nach Omas Rezepten – **Oslo Spiseforretning: ■ L 6,** Oslogate 15, Gamle Oslo, Tel. 22 62 62 10, www.markveien.no, Straßenbahn 18, 19 oder Bus 34, 45, 46, 70: St. Halvard plass, Mo–Sa 17–0.30 Uhr, Tischreservierung empfohlen, Vorspeisen ab 135 NOK, Hauptgerichte ab 242 NOK. Das schon für seine Weinkarte preisgekrönte Restaurant präsentiert sich mit einem schwarzweiß gefliesten Fußboden und in Dunkelrot gehaltenen Wänden im Stil der 1920er-Jahre. Die Küche ist ganz und gar der norwegischen Tradition verpflichtet, mit einem Touch ›neo‹ vorneweg. Aus Norwegen kommen auch allesamt die Rohwaren, was man schmecken kann. Kaum ein anderes Restaurant in Oslo präsentiert eine derartig große Auswahl an Gerichten ›nach Großmutters Art‹. Ob Vorspeisen wie Königskrabben (168 NOK), Hauptgerichte wie Elchsteak (mit Portwein abgeschmeckt, mit Selleriecreme, Rosenkohl und Preiselbeerkompott serviert, 315 NOK) oder Nachspeisen wie Mørk sjokolade (Mousse aus dunkler Schokolade mit Moltebeeren aus der Finnmark, 135 NOK) – stets bekommt man etwas unverkennbar Norwegisches und wird mit Sicherheit begeistert sein.

Oslos Ältestes – **Stortorvets Gjæstgiveri: ■ Karte 2, J 4,** Grensen 1, Sentrum, Tel. 23 35 63 60, www.storgjest.no, U-Bahn: Stortinget, Mo–Sa 11–23 Uhr, Tagesgericht 125 NOK, Vorspeisen ab 99 NOK, Hauptgerichte ab 249 NOK. Oslos ältestes Restaurant, bald schon 300 Jahre alt, und genauso gemütlich eingerichtet, wie das ehrwürdige Alter vermuten lässt. Auf dem Menü stehen vor allem norwegische Traditionsgerichte, auch die Kunst der Zubereitung von Bacalao (öl- und knoblauchreiche Klippfischspezialität aus Portugal) wird hier hochgehalten. Im angeschlossenen Café (Sa 13.30–16.30 Uhr Live-Jazz der 1920er/30er-Jahre) gibt es Lunch-Gerichte sowie kleinere Mahlzeiten. Stets eine Empfehlung ist hier die Fischsuppe (115 NOK).

Fastfood gibt's auch frisch aus dem Meer, empfehlenswert sind Krabben zum Selberpulen

Einkaufen

Klassisch in Downtown

Wie es heißt, lässt sich die Kultur einer Stadt an der Kultiviertheit ihrer Läden ablesen. Daher sollte jede erste Bekanntschaft mit Oslo an der Karl Johans gate (s. S. 28) beginnen: Entlang dieser klassischen Flaniermeile findet sich die wahrscheinlich größte Ladendichte im Königreich sowie auch die meisten der großen Shoppingzentren und Warenhäuser der Stadt. Geld ist kein Thema, man hat es. So an der Aker Brygge (s. S. 37), wo allein über 60 Boutiquen, Delikatessengeschäfte, Antiquitätenläden und Galerien zu finden sind. Die Straße Grensen (s. S. 35) und Umgebung dann verführt zum ausgiebigen Musik-Shopping, und die Møllergata entführt ins Reich norwegischer Wohnkultur.

Label-Shopping im Westend

Westlich vom Zentrum erstreckt sich das Westend-Viertel Majorstua im Stadtteil Frogner. Wie es heißt, gibt es nirgends sonst auf Erden mehr Designer-Labels in Relation zur Bevölkerung als hier. Insbesondere auf dem Hegdehaugsveien sowie Bogstadveien, bekannt als Norwegens längste Shoppingmeile, reihen sich die Boutiquen der norwegischen und internationalen Modeszene aneinander. Die Bygdøy allé ist die Domäne der Interieurdesigner, und Hunderte kleiner Spezial- und Delikatessengeschäfte spiegeln den Wohlstand der Bewohner dieses Viertels wider.

Kunterbuntes Ostend

Gegenüber im Ostend findet man Grønland, das Viertel mit der größten Ausländerdichte in Norwegen. Hier geht Farbenfreude vor Markenbewusstsein, und insbesondere auf den Straßen Grønlandsleiret und Smalgangen sowie Tøyengata reihen sich die Geschäfte zahlreicher Dritte-Welt-Ethnien mit den Schwerpunkten Lebensmittel, Textilien und Schmuck aneinander. Daran angrenzend liegt das Viertel Grünerløkka (s. S. 57 und 60), Oslos ›Greenwich Village‹, wo sich viele alternativ angehauchte Modemacher niedergelassen haben.

Wichtige In-Meilen der Einkaufsszene sind das Ostende der Møllergata, der Brenneriveien, die Nordre gate sowie die Thorvald Meyers gate. Wer auf Schnäppchen- und Kuriositätenjagd ist, sollte die zahlreichen Secondhand-Läden des Viertels besuchen.

Öffnungszeiten

Die allermeisten Geschäfte in Oslo sind Mo–Fr 10–17 und Sa 10–15 Uhr geöffnet. Der Donnerstag ist mit Öffnungszeiten bis 19 Uhr, vereinzelt auch bis 21 Uhr, der traditionelle Shopping-Abend. Die Einkaufszentren und Supermärkte öffnen Mo–Fr stets bis 21 Uhr, samstags bis 18 Uhr, die meisten Kioske der Stadt täglich bis 22 Uhr. Rund um die Uhr bieten sich u. a. die rund 50 über das Zentrum verteilten Läden der 7-Eleven-Kette an.

Antiquitäten und Kunst

Was das Herz begehrt – **Bislet Brukt & Antikmarked: ■ H 2,** Dalsbergstien 19, St. Hanshaugen, Straßenbahn 17, 18: Dalsbergstien, Mo–Fr 11–18, Sa 11–16 Uhr. Kitsch, Kunst und Kuriosa, Silber, Kristall und Porzellan, gerade auch aber alte und auf alt gemachte Möbel aus Stadt und Land – das Ganze präsentiert auf über 1500 m^2 Fläche.

Oslos Sotheby's – **Blomqvist Kunsthandel: ■ Karte 2, H 4,** Tordenskiolds gt. 5, Sentrum, www.blomqvist.no, U-Bahn: Stortinget, Mo–Fr 10–17, Sa 11–15 Uhr. 1870 gegründet, ist dieser Kunsthändler der traditionsreichste Galerist sowie das älteste und größte Auktionshaus des Landes.

Art-Shopping – **Kaare Berntsen: ■ F 4,** Munkedamsveien 62 a, Sentrum/Ruseløkka, www.kaare-berntsen.com, Bus 31: Solli, Di–Fr 10–17, Sa 10–15 Uhr. Schon seit den 1930er-Jahren eine der ersten Adressen im Königreich für Kunst und Antiquitäten.

Bücher und Musik

Jazz in Reinkultur – **Bare Jazz: ■ Karte 2, J 4,** s. S. 36.

Pop und Rock und anderes – **Big Dipper Records: ■ Karte 2, H 3,** s. S. 36.

Für Leseratten und Musikfreaks – **Bjørn Ringstrøms Antikvariat: ■ J 3,** Ullevålsveien 1, St. Hanshaugen, www.ringstrom-antikvariat.no, Bus 37: Nordahl Bruns gate, Mo–Fr 10–17, Sa 10–15, im Sommer Mo–Fr 10–16, Sa 10–14 Uhr. Seit über 40 Jahren die Adresse, wenn es um Bücher (über 40 000 Titel) und Musik geht. Die Musikabteilung rühmt sich, die älteste des Landes zu sein. Erhältlich sind alle Genres auf Vinyl und CD, neu und gebraucht. Jazz- und Klassik-Freunde können hier ihre helle Freude haben.

›Nekrophonisch‹ – **Neseblod: ■ K/L 3,** Rathkes gt. 7, www.neseblodrecords.com, Straßenbahn 11, 12 oder 13: Schous plass, Mo–Fr 12–18, Sa 11–17 Uhr. Ziemlich nekro angehauchter Laden mit Riesenauswahl an Metal, Punk und Hardcore, Goth, Synth, Indie und Subpop neu und gebraucht auf Vinyl und CD; auch Raritäten für erklärte Insider sowie Videos/DVDs. Die zum Sound und der Einstellung passende Kleidung ist ebenfalls erhältlich.

Secondhand-Platten – **Oslo Rock Antikvariat: ■ J 3,** Fredensborgveien 17, Hammersborg, Bus 37 oder 46: Nordal Bruns gate, Mo–Fr 11–17, Sa 11–15 Uhr. Die Musikwelt der 1960er-, 70er- und 80er-Jahre lebt hier weiter auf Vinyl: große Auswahl an LPs und Singles.

Go for gothic – **Shadowland: ■ Karte 2, J 4,** s. S. 36.

Heavy Metal – **Sound of Noise: ■ Karte 2, J 4,** s. S. 36.

Delikatessen und Lebensmittel

Tierisch gut – **Fenaknoken: ■ Karte 2, H 4,** Tordenskioldsgate 7, Sentrum, www.fenaknoken.no, Straßenbahn 12: Aker brygge, Mo–Fr 10–17, Sa 10–16 Uhr. Ob *tørket reinsdyrkjøtt* (getrocknetes Rentierfleisch) aus der Finnmark, *pinnekjøtt* aus dem Vestland, *røkelaks* (Räucherlachs) aus dem Lærdal, Wildschwein aus der Telemark oder Trockenfisch von den Lofoten: Fena-

Typisch norwegisch

Wenn's typisch sein soll, fällt die Wahl üblicherweise auf Strickpullover und Strickjacken, überhaupt Strickwaren im traditionellen Norweger-Muster. Auch Trolle sind im ›Land der Trolle‹ natürlich überall und in allen Größen im Souvenirangebot. Weitere traditionell norwegische Produkte sind u. a. Glas- und Zinnwaren, Tafelsilber und Porzellan, gewebte Wandteppiche, Textildrucke und Trachten nebst handbemalten Holzgegenständen; auch Silberschmuck nach Wikinger- oder Samenart ist stets eine Empfehlung. Dazu Delikatessen wie Wildlachs und Rentierwurst, Moltebeermarmelade und Heidekraut-Honig. Groß ist das Angebot an Outdoorkleidung, ein guter Tipp sind auch Angelutensilien, nicht zu vergessen norwegische Messer, handgeschmiedet und für ihre hohe Qualität bekannt.

knoken gilt als der Feinschmeckerladen schlechthin in Oslo mit Delikatessen aus dem ganzen Land.

Oslos Leckerland – **Jacob's på Holtet: ■ außerhalb,** Ekebergveien 145, Gamle Oslo, www.jacobs.no, Straßenbahn 19: Holtet, Mo–Fr 9–20, Sa 9–18 Uhr. Fisch und Meeresfrüchte aus Nordsee und Nordatlantik, Käse- und Fleischspezialitäten, auch ökologisch, aus dem ganzen Land, ansonsten Traditions-Konditorwaren sowie Schokoladen und Konfekt von Valrhona, eine der ersten Schokoadressen auf Erden.

Floh- und Straßenmärkte

Von wegen Sperrmüll – **Loppemarkeder: ■** www.loppemarkeder.com. Flohmärkte heißt auf Norwegisch *loppemarkeder,* und jeden Monat laden in Oslo rund zwei Dutzend ›Lumpenmärkte‹ ein, auf denen aber nicht nur Sperrmüll feilgeboten wird. Die o. g. Website informiert umfassend über die wechselnden Termine sowie Lokalitäten.

Es darf auch teuer sein – **Vestkanttorget: ■ F 2,** Amaldus Nielsens plass, Frogner, Bus 20 oder Straßenbahn 12: Vigelandsparken, U-Bahn 1: Majorstuen, Sa 9–17 Uhr, nur im Sommer. Dem Ruf des Viertels verpflichtet, muss hier im Westend alles etwas besser sein. Entsprechend stehen vor allem qualitativ hochwertige Altwaren zum Verkauf.

Mehr als nur Obst und Gemüse – **Youngstorget: ■ Karte 2, J 4,** Youngstorget, Sentrum, U-Bahn: Jernbanetorget, Mo–Sa ab 10 Uhr. Der Youngstorget wurde 1846 als Markt-Alternative zum Stortorget angelegt, und ab etwa 10 Uhr finden sich hier mehrere Dutzend Verkaufsstände für Strickzeug und Sonnenbrillen, Puppenkleidung und Krimskrams, Räucherstäbchen und was man sonst noch auf Flohmärkten findet. Im Advent lädt der Weihnachtsmarkt (s. S. 103) ein.

Geschenke, Design, Kurioses

Breit gefächert – **Byporten: ■ K 4,** Jernbanetorget 6, Sentrum, www.byporten.no, U-Bahn: Jernbanetorget, Mo–Fr 10–21, Sa 10–20 Uhr. Das Shopping-Center lockt mit über 70 Geschäften mit dem breitesten Warensortiment und gleich 12 Restaurants.

Norwegisches Kunsthandwerk – **Den Norske Husfliden: ■ Karte 2, J 4,** Stortorget 9 (im Glasmagasinet, s. u.), Sentrum, www.dennorskehusfliden.no, U-Bahn: Stortinget, Mo–Fr 10–18, Sa 10–15 Uhr. Seit mehr als 100 Jahren schon macht sich die ›Hausfleiß‹-Organisation um die Förderung des traditionellen norwegischen Kunsthandwerks verdient. In den Geschäften der in ganz Norwegen verbreiteten Kette bekommt man garantiert Originalware aus Norwegen. So etwa die berühmten Norweger-Pullover nebst Silberschmuck und Webteppichen, feine Arbeiten mit Rosenmalereien. Sogar die *bunad*, das traditionelle norwegische Trachtenkleid, wird hier verkauft.

Innovativ und kreativ – **Galleri Format: ■ Karte 2, H 5,** Rådhusgaten 24, Sentrum, www.format.no, U-Bahn: Stortinget, Bus 60: Bankplassen, Di–Fr 11–17, Sa 11–16, So 12–16 Uhr. Die Galerie der norwegischen Kunsthandwerker- und Künstlervereinigung repräsentiert mehr als 800 norwegische Design- und Kunstschaffende aller Bereiche unserer Zeit – garantiert originell!

Vorsicht: Glas – **Glasmagasinet Stortorvet: ■ Karte 2, J 4,** Stortorget 9, Sentrum, www.glasmagasinet.no, U-Bahn: Stortinget, Mo–Fr 10–19, Sa 10–18 Uhr. Eines der ältesten Edelkaufhäuser des Nordens mit über 40 Einzelgeschäften, die insbesondere auch norwegische Glas- und Kristallprodukte führen, u. a. handgeblasen in der Glashütte von Mangnor (www.magnor-glassverk.no), die eine der angesehensten des Nordens ist.

Kunsthandwerkerdorf – **Handelsstedet Bærums Verk: ■ außerhalb,** Bærums Verk, www.baerumsverk.no, Bus 753 (alle 30 Min., 60 Min. Fahrzeit) oder 143 (alle 30 Min., 45 Min. Fahrzeit) ab Busbahnhof bis Bærums Verk,

Textilien mit Stil: Heimen Husfliden verkauft schicke Wolldecken ›made in Norway‹

Preisbewussten Reisenden sei empfohlen, möglichst nur in solchen Geschäften zu kaufen, die dem **Tax-free-System** angeschlossen sind (Tax-free-Aufkleber im Schaufenster). Beim Kauf von Waren im Wert ab 315 NOK (Lebensmittel: 285 NOK) kann man sich dort nämlich einen Global Refund-Scheck ausstellen lassen, mit dem an Fähr- und Flughäfen sowie an größeren Grenzübergängen die norwegische Mehrwertsteuer abzüglich einer Gebühr in bar zurückvergütet wird: Das sind immerhin 12–19 % (Lebensmittel: 6–7,5 %). Man muss seinen Wohnsitz außerhalb Skandinaviens haben und einen Pass oder Personalausweis vorlegen. Die Ware darf vor Ausreise nicht in Gebrauch genommen und muss spätestens vier Wochen nach dem Kauf ausgeführt werden. Weitere Auskünfte erteilt: Global Refund Norge, Tel. 67 15 60 10, www.globalrefund.no.

Mo–Fr 10–20, Sa 10–18 Uhr. Die historische Eisenhütte Bærums Verk ist als Sehenswürdigkeit nicht nur einen Ausflug wert (s. S. 80), sondern mit über 90 Galerien und Kunsthandwerksläden eine der ersten Shoppingadressen in der Osloer Region. Das Angebot ist enorm, die Atmosphäre sehr angenehm. Im Advent, wenn das Dorf festlich geschmückt ist, gibt es kaum einen stimmungsvolleren Ort zum Einkaufen.

Hausfleiß-Shopping – **Heimen Husflid: ■ Karte 2, H 4,** Rosenkrantz gate 8, Sentrum, www.heimen.net, U-Bahn: Stortinget, Mo–Fr 10–17, Sa 10–15 Uhr. Das Konzept ist dasselbe wie bei Den Norske Husfliden (s. S. 101). Insgesamt stehen hier über 3600 Artikel ›made in Norway‹ zum Verkauf, darunter auch Schuhe und Mode, Schmuck und Haushaltsartikel, Schnitzereien und Rosenmalereien.

Feine Formen – **Norsk Design og Arkitektursenter: ■ K 3,** s. S. 59.

Alles unter einem Dach – **Oslo City: ■ Karte 2, J/K 4,** Stenersgata 1, Sentrum, www.oslocity.no, U-Bahn: Jernbanetorget, Mo–Fr 10–22, Sa 10–20 Uhr. Mit über 100 Einzelgeschäften aller Kategorien (auch reine Souvenirgeschäfte) gilt dieses Warenhaus als eines der größten des Landes.

Ausschließlich norwegisch – **Pur Norsk: ■ H 1,** Thereses gate 14, www.purnorsk.no, Straßenbahn 17: Stensgata, Mo–Fr 11–18, Sa 10–16 Uhr. Ob echte Designerstücke, Mitbringsel für die Kleinen oder Kurioses für die Liebsten – hier, wo ausschließlich norwegische Produkte vertrieben werden, wird man sicher fündig. Das Besondere an diesem Geschenkeshop ist, dass man über die Geschichte eines jeden Stückes informiert wird.

Mode, Accessoires und Schmuck

Gestricktes – **Boa: ■ K 2,** s. S. 61.

Designer – **Conzept: ■ K 2,** s. S. 60.

Hippes für Modefreaks – **D'lirium: ■ K 3,** s. S. 61.

Feminines – **Med og uten: ■ K 3,** s. S. 60.

Elegante Mode – **Paléet Shopping Galleri: ■ Karte 2, H 4,** Karl Johans gt. 37–43, Sentrum, www.paleet.no, U-Bahn: Stortinget, Mo–Fr 10–20, Sa 10–18 Uhr. Bereits die Lage zwischen

Weihnachtsmärkte

Größte Adventsveranstaltung ist der **Store Julemarked** (Weihnachtsmarkt; Eintritt 70 NOK) im Norsk Folkemuseum (s. S. 47), der am 1. Advent sowie am 2. Adventswochenende (Sa/So) zwischen 11 und 16 Uhr mit über 100 Verkaufsständen zum Shopping einlädt. Im Freilichtmuseum ist dann so manches Haus festlich geschmückt, es laden Konzerte und Folklore-Veranstaltungen ein (u. a. tritt eine Kinder-Volkstanztruppe auf), in der Gol-Stabkirche aus dem 12. Jh. werden Weihnachtsgottesdienste abgehalten, und die Kinder können dem Julenisse (norwegischer Weihnachtsmann) in seiner Werkstatt helfen, Weihnachtsgeschenke zu basteln. Ein weiterer Weihnachtsmarkt, der **Julemarked på Blå** (s. S. 109), findet am 1. bis 3. Adventwochenende (Sa/So 12–17 Uhr) in Grünerløkka am Brenneriveien statt (Straßenbahn 11, 12, 13: Schous plass, Bus 34, 54: Møllerveien). In der 1.–3. Adventwoche schließlich lädt der **Julemarked på Youngstorget** von Sa 13–19 Uhr auf den Youngstorget (s. S. 73) ein.

dem Königlichen Schloss und Parlament sagt etwas über die Exklusivität der 42 Geschäfte dieser Shopping-Galerie – sie steht im Ruf, eine der elegantesten in Norwegen zu sein. Der Schwerpunkt liegt auf Damen- und Herrenmode.

Design für Frau – **Pikene bak slottet: ■ H 1,** Louisesgate 21, St. Hanshaugen, www.pikenebakslottet.no, Bus 33: Stensberggata, Mo–Fr 10/11–17/18, Sa 10/11–15 Uhr. Ausgefallene Kleidung, klassische Kleidung, Kleidung als Kunst in ausgefallenen wie auch klassischen Farbkombinationen (ca. 1500–5000 NOK). Als Empfehlung mag u. a. dienen, dass Arbeiten der Designerinnen Martine Richter, Ida Disen und Grethe Larsen auch im Kunstindustriemuseum (s. S. 75) ausgestellt sind.

Shirts mit Spruch – **Probat: ■ K 2,** s. S. 61.

Edeltreter – **Shoe Lounge: ■ K 2,** s. S. 61.

Hexeneinkaufsplatz – **Studio Strega: ■ K 3,** s. S. 60.

Schmucke Stücke – **Sugar Shop: ■ G/H 1,** Theresesgt 46, St. Hanshaugen, www.sugarshop.no, Straßenbahn 18: Bislett (in der Theresesgt.), Di–Fr 11–18, Sa 11–15 Uhr. Unter dem Motto »Jewellery sweet as candy« wird hier kreativer Schmuck aus Gold und Silber, Stein, Holz, Leder und Gummi, Edelsteinen und Glas, Plastik und Wolle von vorzugsweise norwegischen Designern präsentiert; Preise ca. 300–5000 NOK.

Aus dritter Hand – **3rd Hand: ■ K 3,** s. S. 61.

Vorgeliebte Fummel – **Trabant: ■ K 3,** s. S. 61.

Kleider machen Leute – **Vóga: ■ G 2,** Professor Dahls gate 5, Frogner/Fagerborg, www.voga.no, Straßenbahn 19: Rosenborg, Mo–Fr 10–18, Sa 10–15 Uhr. Wenn's um Edelmarken geht, geht Frau mit (viel) Geld ins Vóga, eine der exklusivsten Modeadressen Norwegens (auch Schuhe und Schmuck). Zum Kundenstamm zählen Kronprinzessin Mette-Marit, auch Patti la Belle shoppte schon hier.

Ausgehen – abends und nachts

Oslo bei Nacht

Von der Skipiste oder vom Badestrand mit dem Stadtbus in die Disco, das kann man wohl in kaum einer Metropole sonst. Längst vergangen sind die Zeiten, da gegen 22 Uhr die Bürgersteige hochgeklappt wurden. Vor 23 Uhr ist nicht mal was los, später dann und bis in den frühen Morgen dafür umso mehr, und mit geradezu exzessiver Hingabe wird hier, wo über 1000 Lokale einladen, die Nacht gefeiert.

Zentren des Nachtlebens

In der Innenstadt lockt die Aker Brygge ein bunt gemischtes Publikum aller Altersklassen mit Kneipen, Pubs und Bars sowie vor allem auch Terrassencafés am Uferkai. Was auch wäre schöner, als hier eine helle Sommernacht zu genießen, wenn Rot- und Goldlicht auf dem Fjord liegt und eine milde Brise die Takelagen prachtvoll herausgeputzter Veteranenboote zum Singen bringt.

Auch die Rosenkrantzgate zwischen Storting und Eidsvoll-Park ist ein Szenetreff in Downtown. An der Karl Johans gate laden insbesondere Bars ein, rings um den Stortorvet finden sich Jazz- und Bluesclubs, und eine neue Lokal-Szene scheint sich zurzeit in den Richtung Grünerløkka gelegenen Straßen Møllergata und Torggata zu bilden.

Für das gut situierte, trendige Publikum ist das zu Frogner gehörige Westend-Viertel Majorstua Zentrum der Nachtlust. Insbesondere auf Bogstadveien sowie Hegdehaugsveien herrscht reges Leben bis in die frühen Morgenstunden.

Die heißeste Stadtszene der Trendsetter hat sich im Künstlerviertel Grünerløkka etabliert, das mit zahllosen Lokalen in farbenfroh getünchten Mietshausblocks ein vor allem junges, gerne auch alternatives und mit vielen Studenten durchmischtes Publikum anzieht. Hauptmeilen sind hier die Thorvald Meyers gate sowie der Brennerivejen und Olav Ryes plass. Doch auch weiter flussabwärts der Akerselva im zu Gamle Oslo gehörenden Viertel Grønland finden sich Jahr für Jahr mehr Bars und Pubs, die ein durchweg lockeres Flair verbreiten.

Billigbier?

Alkohol ist teuer in Norwegen, das gilt auch für Bier, *øl* (gesprochen ›öll‹). Doch gibt es innerhalb der Stadt große Preisdifferenzen. Im Sommer 2010 zahlte man im Oslo-Durchschnitt rund 60 NOK für 0,5 l Gezapftes. Am günstigsten schnitt das Viertel Grønland ab (50 NOK), Spitzenreiter waren Frogner und Majorstua mit 65–70 NOK.

Vorspiel und Nachspiel

›Vorspiel‹ und ›Nachspiel‹ gelten als die populärsten deutschen Lehnwörter im Norwegischen, haben hier allerdings eine leicht andere Bedeutung. Sie umschreiben ein den hohen Alkoholpreisen geschuldetes Ritual, bei dem man sich zu früher Abendstunde (ab etwa 20–22 Uhr) schon privat bei jemandem trifft, um sich mehr oder weniger ordentlich einen (selbst Mitgebrachten, oft genug auch selbst Gebrannten) hinter die Binde zu gießen (Vorspiel). Ab etwa 23 Uhr geht's raus in die City (die sich daher erst relativ spät belebt), und wenn gegen 3 Uhr morgens die meisten Lokale schließen, wird auf der Straße weitergefeiert, sofern die Party nicht privat weitergeht (Nachspiel).

Kulturmarathon

Oslo ist klein, aber sein Kulturprogramm groß, und kein Monat vergeht ohne ein wichtiges Fest, ein mehrtägiges Kulturfestival und andere Events. Gerade auch die Theater- und Konzerttradition ist lebendig, und ein Abend in der neuen Oper ist allein schon wegen dem ›schönsten Opernhaus der Welt‹ ein Erlebnis. Während der Sommersaison von Mitte Juni bis Ende August herrscht allerdings Sommerpause, sodass sich dann hauptsächlich Folkloreveranstaltungen (s. S. 47) anbieten.

Programmvorschau

Die Tageszeitungen bieten auf ihren Lokalseiten einen aktuellen Überblick über alle kulturellen Ereignisse. Umfassend informiert die vom Touristenbüro herausgegebenen Broschüre ›What's On‹ sowie im Web www.visitoslo.com.

Kartenvorverkauf

Ob Jazz- oder Rock-Event, Oper, Theater oder klassisches Konzert, die zentralen Stellen für den Ticket-Vorverkauf in Oslo und Norwegen schlechthin sind die Postämter. Telefonisch bucht man über Tel. 81 53 31 33, online ist www.ticketmaster.no zuständig oder auch www.billettservice.no.

Bars und Szenelokale

Retro lässt grüßen – **Bar La Boca: K 2,** Thorvald Meyers gate 30, Grünerløkka, Straßenbahn 11, 12, 13: Olaf Ryes plass, tgl. ab 12 Uhr, abends Altersgrenze 22 Jahre. Die mit einem halben Dutzend Tischen kleinste, wie es heißt auch coolste Bar des Viertels, präsentiert sich im Stil der 1950er-Jahre, und dies oft auch musikalisch. Man pflegt eine angenehme Atmosphäre und steht im Ruf, nicht nur die meisten (über 80), sondern auch die besten Cocktails der Stadt zu servieren. Das Preisniveau ist moderat, Bier kostet um 50 NOK.

Kickers Traum – **Bohemen: Karte 2, H 4,** Arbeidergata 2, Sentrum, www.bohemen.no, U-Bahn: Stortinget, Mo–Do 14–1, Fr/Sa bis 3, So bis 24 Uhr, abends Altersgrenze 20 Jahre. Insbesondere für Fußballfans gibt es kein Pendant zu dieser Sportsbar, in der auf insgesamt acht gigagroßen Bildschirmen live übertragen wird, was von Bedeutung für den norwegischen Kicker ist: Der ist traditionell eher am britischen denn am deutschen Fußballgeschehen interessiert. Bier um 50 NOK.

Wohlfühl-Cocktailkneipe – **Café Sør: Karte 2, J 4,** Torggata 11, Sentrum, www.cafesor.no, U-Bahn: Jernbanetorget, Mo–Do 11–0.30, Fr/Sa 11–3, So 13–0.30 Uhr, abends Altersgrenze 21 Jahre. Weiche Sofas, warme Dekorfarben und große abstrakte Gemälde schaffen eine angenehme Atmosphäre in diesem stets gut besuchten Lokal. Tagsüber werden leckere Kleinigkeiten wie Quiches und Paninis serviert, auch Kuchen, abends ist man auf Long Drinks (um 86 NOK), Martinis (75 NOK) und vor allem auf Cocktails (ab 81 NOK) spezialisiert. Das Café Sør gilt als ›die‹ Adresse für Cocktails im Zentrum.

Altersgrenzen

Jugendlichen unter 18 Jahren ist der Eintritt in erklärte Nachtlokale strikt untersagt. Auch der Ausschank von Bier und Wein ist nur an über 18-Jährige gestattet, der von Spirituosen sogar erst an über 20-Jährige. In etliche Clubs, Bars und Discos kommt man erst ab 21 Jahren, und erst ab dem reifen Alter von 26 Jahren kann man sicher sein, überall Einlass zu finden. Ausweiskontrollen sind die Regel. Nahezu stets wird in den Nachtlokalen Eintrittsgeld verlangt (um 50–150 NOK), das oft nicht gegengerechnet wird. Wer es sich sparen will, sollte vor 23 Uhr kommen, da dann viele Lokale noch keine Covercharge erheben.

Die Welt am Tresen – **Gloria Flames:** ■ **K 4,** Grønland 18, Gamle Oslo/Grønland, www.gloriaflames.no, U-Bahn 1: Grønland (etwa 2 Gehminuten vom Hauptbahnhof), tgl. 16–3.30 Uhr, abends Altersgrenze 22 Jahre. In-Lokal mit minimalistischem Ambiente bei wirklich ›maximalistischer‹ Auswahl an Drinks aus aller Welt. Am schönsten ist's zwischen April und September, wenn die Dachterrasse geöffnet hat, auf der dienstags zudem Konzerte (meist Rock) gegeben werden, die ›Grønland Hotnights‹. Ein Bier kostet 56 NOK.

Sehen und gesehen werden – **Horgan's Bar:** ■ **G 3,** Hedgehaugsveien 24, Frogner, www.horgans.no, Straßenbahn 11: Homansbyen, Mo–Do 17–24, Fr 16–3, Sa 13–3, So 14–21 Uhr, abends Altersgrenze 23 Jahre. Als Sportsbar getarnte American Bar, deren Klientel – vornehmlich junges Publikum aus sonst gutem Hause – manisch markenbewusst gekleidet ist. Ohne solches Outfit erntet man schnell schräge Blicke, falls man abends überhaupt Einlass findet. Die Preise sind entsprechend.

You name it, we have it – **Lorry:** ■ **G 3,** Parkveien 12, Frogner, www.lorry.no, Straßenbahn 1: Welhavens gate, Mo–Sa 11–3.30, So 12–1.30 Uhr, abends Altersgrenze 23 Jahre. Die wahrscheinlich ausgefallenste Kulturinstitution Norwegens, gleichermaßen beliebt bei Politikern und Punks, Arm und Reich, Jung und Alt. Da baumeln Fahrräder über Surrealistischem von Miró, blicken pausbäckige Engel auf ausgestopftes Großwild; hier ein alter Lederstiefel, dort eine russische Ikone, ja sogar das Ei eines Charcharodontosaurus findet man hier … Dazu sage und schreibe 129 Biersorten, eine üppig bestückte Weinkarte und last but not least eine provenzalisch inspirierte Terrasse, auf der man sich dank Fußbodenheizung und Wärmelampen auch im tiefsten Winter entspannt dem Rauchgenuss hingeben kann.

Die Raumstation des Village – **Mir:** ■ **K 2,** Toftesgate 69, Grünerløkka, www.lufthavna.no, Straßenbahn 11, 12, 13: Schous plass, tgl. 16–1 Uhr, abends Altersgrenze 20 Jahre. Flugzeugteile und Graffiti prägen diese Geheimtipp-Kneipe, in der man teils in alten Flugzeugsesseln sitzt und vor allem preisgünstiges Bier genießt.

Minimax – **Onkel Donald Kafé:** ■ **Karte 2, H 4,** Universitetsgata 26, Sentrum, www.onkeldonald.no, U-Bahn: Nationaltheatret, Mo–Mi 11–24, Do–Sa 11–3 Uhr, abends Altersgrenze 24 Jahre. Helles und luftiges, minimalistisch dekoriertes Maxi-Lokal (rund 1000 m^2), tagsüber Café und Restaurant, abends Bar und Kneipe. Dann gibt's auch musikalische Hintergrundmusik im Stil zwischen Sisters of Mercy und U2. Je später der Abend, desto lauter der Sound und umso besser die Stimmung, die von einem vorwiegend jungen bis mittelalten Publikum getragen wird. Bier kostet 68 NOK, Cocktails um 90 NOK.

Kuschelkneipe rustikal – **Oslo Mekaniske Verksted: ■ K 4,** Tøyenbekken 34, Grønland, www.oslomekaniske verksted.no, U-Bahn 1: Grønland, tgl. 15–2 Uhr, abends Altersgrenze 21 Jahre. Die alten Werkhallen der mechanischen Fabrik geben den stimmungsvollen Rahmen für diese rustikale Bar, die sich zu ›dem‹ Treff im Stadtviertel gemausert hat. Dort eine Sitzgruppe in einem grob gemauerten Ziegelsteinerker, hier gemütliche Sessel rings um einen großen Rauchfang mit prasselndem Feuer, hier eine Graffiti-Wand, dort eine Skulptur aus Indien und im Sommer eine große Wiese mit Platz für über 150 Personen zum Draußensitzen. Man fühlt sich wohl, und das auch der Preise wegen.

Auf zum Gipfelsturm – **Summit 21: ■ H 3,** Holbergs gata/SAS-Hotel, Sentrum, Mo–Do 16–1, Fr/Sa bis 2, So 17–1 Uhr, Straßenbahn 11, 17, 18: Holbergs plass, Altersgrenze abends 20 Jahre. Die 21 steht für den 21. Stock des SAS-Hotels, und es gibt keine Bar in Oslo mit einem vergleichbaren Panorama! Trotz leicht kitschiger Einrichtung (Blattgold und Glamour) muss man hier einfach mal (z. B. zum Sonnenuntergang) gesessen und gestaunt haben und dies auch über die Preise, die mit ca. 70 NOK für den halben Liter Bier viel normaler sind als man bei solcher Top-Adresse glauben würde. Männer sollten die Herrentoilette nicht verpassen, deren Pissoirs so angeordnet sind, dass man das Gefühl hat, auf Oslo hinab zu pinkeln.

Kuriositätenkabinett mit über 100 Biersorten: Lorry

Kino-Welten

In Oslo gibt es rund 30 Kinohäuser, und wie in ganz Skandinavien werden auch hier nur die allerwenigsten ausländischen Filme synchronisiert, weshalb nicht nur im Fernsehen, sondern auch im Kino die (meist englischsprachigen) Originalversionen gezeigt werden – mit norwegischen Untertiteln. Ein Muss für Cineasten ist das **Colosseum** am Fridtjof Nansens vei 6 (U-Bahn 1: Majorstuen, ▶ E 1), das mit dem monumentalen Kuppeldach eine Landmarke im Stadtteil Frogner/Majorstua ist und mit 1000 Sitzplätzen als das größte THX-Kino der Welt gilt. Der Sound ist schlicht göttlich, die Breitband-Filmqualität hat kein Pendant in Oslo, und gezeigt werden die neuesten Groß-Streifen Mo–Fr 15–21.15, Sa/So 11–21.15 Uhr. Über das Kinoprogramm kann man sich bei www.oslokino.no informieren. Dort kann man auch Tickets online kaufen. Die Eintrittspreise liegen je nach Tageszeit und Wochentag bei 50–90 NOK für Kinder bzw. 80–120 NOK für Erwachsene. Ticketkauf auch über Tel. 82 03 00 01.

Nicht nur für Teetanten – **Tea Lounge: ■ K 2,** Thorvald Meyers gate 33b, Grünerløkka, www.tealounge.no, Straßenbahn 11, 12, 13: Birkelunden, Mo–Mi 11–1, Do–Sa 11–3, So 12–3 Uhr, abends Altersgrenze 20 Jahre. Helles und luftiges Ambiente mit roten Sofas, in denen man sich entspannt zurücklehnen und zu gedämpften Drum & Bass- sowie auch exotischen World Music-Klängen asiatische Teesorten genießen kann. Sogar spezielle Männer- und Frauen-Tees stehen auf der Karte, die auch köstliche Cocktails auflistet (mit 89 NOK relativ günstig und ab 20 Uhr angesagt). An den Wochenend-Abenden locken diverse Happenings, am Freitag, der hier unter dem Motto ›Sociocentro‹ steht, ist die Tea Lounge Plauderstube des Viertels; samstags ist DJ-Zeit mit Drum 'n' Bass und Funk.

Diskotheken

Let's rock – **Café Kaos: ■ K 2,** Thorvald Meyers gate 56, Grünerløkka, www.cafekaos.no, Straßenbahn 11, 12, 13: Olav Ryes plass, Mo–Sa 14–3 Uhr, abends Altersgrenze 20 Jahre. Tagsüber ein beliebtes Café, am Abend eine ruhige Rock-Bar und am Wochenende abends eine populäre Disco für ein bunt gemischtes junges Publikum, das zu Funk und Soul, Disco und Rock abtanzt. Mittwochs gibt's oft Konzerte norwegischer Nachwuchsgruppen.

Abtanzen zum Mega-Musikmix – **Sikamikanico: ■ Karte 2, J 4,** Møllergata 2, Sentrum, www.sikamikanico.no, U-Bahn: Stortinget, Mi–So 22–3.30 Uhr, abends Altersgrenze 20 Jahre. Das Sika (wie hier alle sagen), im Jahre 2003 als bester Club von Oslo preisgekrönt, gilt zur Zeit als Nightlife-Adresse mit der vielleicht größten Musikbandbreite der Stadt. Die DJs mischen HipHop und Rap, Club und Techno, House, Reggae und Jazz, Drum 'n' Bass und anderes Zeitgeistiges für ein junges, lockeres Publikum.

Für die Jungen und Schönen – **Tors Hammer: ■ Karte 2, H 4,** Fr. Nansens pl. 8, Sentrum, www.torshammer.no, U-Bahn: Stortinget, Mo–Fr 11–3.30, Sa 16–3.30, So 20–3.30 Uhr, abends Altersgrenze 20 Jahre. Dem Namen zum Trotz eher ein Teenage Wonderland. Der Sound ist gemischt, je nach Wochentag. Donnerstags wird vorwiegend zu Blues, Glam und Mainstream-Hardrock abgetanzt, Freitag und Samstag dominieren Chart- und Partymusik der 1970er- bis 90er-Jahre.

Musikclubs und Live-Musik

Jazztempel mit Geschichte – **Blå: ■ K 3,** Brenneriveien 9, Grünerløkka, www.blaaoslo.no, Straßenbahn 11, 12, 13: Schous plass oder Bus 34, 54: Møllerveien, tgl. 21–3.30 Uhr, im Sommer (ab 1.Mai.) Gartenlokal Mo–Fr 16–2, Sa/So ab 12 Uhr, Altersgrenze 20 Jahre. Laut Eigendarstellung ist dieser in einer ehemaligen Spinnerei am Ufer der Akerselva untergebrachte Club zuständig für »live & contemporary, jazz and related sounds«. Kaum ein Abend, schon gar kein Wochenendabend, ohne Live-Konzerte. Aber auch für experimentelles Theater, Kabarett, Dichterlesungen und andere Kulturevents ist das ›Blau‹ die Topadresse im Viertel, im Sommer auch wunderbar zum Draußensitzen.

Musikmix mit Anspruch – **Café Mono: ■ Karte 2, J 4,** Pløens gt. 4/ Youngstorget, Sentrum, www.cafemono.no, U-Bahn: Jernbanetorget, Mo–Sa 15–3, So 18–3 Uhr, Altersgrenze 20, Wochenende 22 Jahre. Dieser alternativ angehauchte Treff vieler Kulturschaffenden ist eine der wichtigsten Konzertarenen in Oslo. Mehrmals die Woche spielen nationale sowie auch internationale Gruppen Pop & Rock, Folk & Country, aber auch Indie, Electronica und Jazz (Eintritt meist 100/120 NOK). Dass das Mono einer der populärsten Treffs im Viertel ist, verdankt es u. a. seinem Außenhof, auf dem man sich dank 16 großer Wärmelampen auch im Winter wohl fühlt.

Am Sound-Puls der Stadt – **Cosmopolite: ■ J 3,** Vogts gate 64, Sagene, www.cosmopolite.no, Straßenbahn 11,

Oslo bei Nacht: Cocktail über den Dächern der Stadt

Brennpunkt des Nachtlebens ist der Bezirk um das Nationaltheater

12, 13 oder Bus 22, 55: Torshov, tgl. wechselnde Öffnungszeiten, je nach Veranstaltung, Altersgrenze 18/20 Jahre. Das Cosmopolite versteht sich als Treff für alle an Musik und Kultur Interessierten, unabhängig vom politischen, religiösen und kulturellen Hintergrund, und gilt heute als eine der wichtigsten Bühnen der Stadt für Jazz und World Music. Aber auch Klassik-, Pop- und Rockkonzerte stehen häufig auf dem Programm, zudem gibt es Tango- und Salsa-Tage, Eintritt ab 100 NOK.

Rock-Tempel mit Tradition – **Elm Street Rock Café: ■ Karte 2, J 4,** Dronningens gate 32, Sentrum, www.elmstreet.no, U-Bahn: Jernbanetorget, Mo–Sa 11–3, So ab 13 Uhr. Gegründet vor über 20 Jahren ist das Elm Street eine der ältesten Rock-Institutionen im Königreich, und schon Berühmtheiten wie etwa Deep Purple, Guns n' Roses, Red Hot Chili Peppers und Dutzende mehr waren hier zu Gast bzw. gaben Konzerte (Altersgrenze 18 Jahre). Mindestens zwei- bis dreimal pro Woche gibt's Livemusik, an den Wochenendabenden lädt ab 23 der DJ ein, und tagsüber kann man sich Burger und anderes Amerikanisches zu Sound aus der Konserve schmecken lassen.

Just Rock – **Garage: ■ Karte 2, J 4,** s. S. 35.

Mainstream-Jazz – **Herr Nilsen Jazzclubb: ■ Karte 2, H 4,** s. S. 36.

Bluesig – **Muddy Waters: ■ Karte 2, J 4,** s. S. 36.

Oslos Konzertarena – **Rockefeller: ■ Karte 2, J 3/4,** s. S. 36.

Nacht für Nacht Livemusik – **Smuget: ■ Karte 2, H 4,** Rosenkrantzgt. 22, Sentrum, www.smuget.no, U-Bahn: Stortinget, Mo–Sa 20–3 Uhr, Altersgrenze 23 Jahre. Mit bis zu 700 Veranstaltungen pro Jahr und gleich sechs Bars sowie Restaurant, Café und Discothek auf über 1000 m² Fläche ist das Smuget einer der größten Musikclubs in Europa überhaupt: Nacht für Nacht Livemusik, mal Jazz, mal Blues oder Rock, auch R&B, Funk und Soul sowie Disco. Stets Superstimmung bei extrem starkem Andrang. Zur illustren Gästeschar zählten u. a. Größen wie Mick Jagger, Bruce Springsteen, Eric Clapton, Peter Gabriel und Prince.

Jazz im alten Stil – **Stortorvets Gjæstgiveri:** ■ **Karte 2, J 4,** s. S. 35.

Schwul und lesbisch

Spätestens seit der großen Gay- und Lesben-Parade ›Europride 2005‹ in Oslo gilt die Stadt als eine der gayfreundlichsten des Nordens. Dazu ist die Szene in sich weniger unterteilt als in anderen Städten. Lesben und Schwule besuchen hier oft die gleichen Orte, und die Website www.visitoslo.com hält unter ›Oslo für Schwule‹ viele Tipps bereit. Weitere Infos bietet das Monatsmagazin ›Blikk‹ (www.blikk.no).

Der Homo-Klassiker – **London Pub:** ■ **Karte 2, H 4,** C. J. Hambrosplass 5, Eingang von der Rosenkrantzgt., Sentrum, www.londonpub.no, U-Bahn: Stortinget, Pub Mo–So 15–3.30, Club ab 20 Uhr, Altersgrenze 20 Jahre. Seit 1979 ›der‹ Szene-Treff für Schwule und Lesben in Oslo. Während sich das Erdgeschoss als Pianobar vorstellt, so dient das Obergeschoss als (meist von Männern dominierte) Disco. Mehrere Male in der Woche finden wechselnde Veranstaltungen statt, am Wochenende Partys.

Treff für Gays und Lesben – **Ett Glass:** ■ **Karte 2, H 4,** Karl Johans gate 33, Sentrum, www.ettglass.no, U-Bahn: Stortinget, Mo–Do 11–1, Fr 11–3, Sa 12–3, So 12–1 Uhr, abends Altersgrenze 20 Jahre, Wochenende 23 Jahre. Tagsüber ist das Lokal ein populäres Restaurant und modernes Café mit softiger Jazz- und Acid-Jazz-Untermalung, abends ein angesagter Treff für Gays und Lesben, samstags (ab 22 Uhr) Disco; sehr gepflegte und relaxte Atmosphäre.

Unterhaltung klassisch

Die Bühnen im Zentrum für das klassische Theater sind das **Nationaltheater** (▶ Karte 2, H 4, Johanne Dybwads plass 1, www.nationaltheatret.no, Kartenverkauf Mo–Fr 11–19.30, Sa 11–18 Uhr, s. S. 30) sowie **Det Norske Teatret** (▶ Karte 2, H 4, Kristian IV's gate 8, www.detnorsketeatret.no, Kartenverkauf Mo 10–17, Di–Fr 10–19, Sa 11–17 Uhr). Das **Oslo Nye Theater** (▶ Karte 2, H 4, Rosenkrantzgt. 10, www.oslonye.no) bringt zusätzlich auch Puppentheater zur Aufführung. Die Bühne der freien Gruppen aus dem In- und Ausland, außerdem Adresse für gegenwartsorientierte Bühnenkunst ist das **Black Box Theater** (▶ L 1, www.blackbox.no, Bus 30: Dælenenga) an der Marstrandgata 8 in Grünerløkka. Für Opern und Ballettvorführungen ist **Den Norske Opera & Ballett** (s. S. 44) zuständig, während das **Oslo Konserthus** (▶ Karte 2, J/K 5, www.oslokonserthus.no, Kartenverkauf Mo–Fr 11–17, Sa 11–14 Uhr, Munkedamsvn. 14, ▶ Karte 2, G 4) mit mehr als 300 Konzertveranstaltungen jährlich eine der wichtigsten Kulturinstitutionen in Oslo darstellt.

Sprachführer Norwegisch

Besonderheiten

In geschriebenem Norwegisch kann man als Deutschsprachiger bei leichten Texten zumindest den Zusammenhang aufspüren. Wird jedoch Norwegisch gesprochen, zumal im Süden, wo ganze Buchstaben und Silben verschluckt werden, steht man ziemlich hilflos da.

Erschwerend kommt hinzu, dass das o meist (aber nicht immer) wie u ausgesprochen wird (weshalb man Uschlu sagt und nicht Oslo), u wie ü und auch viele Konsonanten anders als im Deutschen.

Aussprache

Das norwegische Alphabet hat zusätzliche Buchstaben, die es im Deutschen nicht gibt: Da ist zum Einen das å (auch aa geschrieben), das als langes offenes o gesprochen wird (wie in ›hoffen‹). Zudem gibt es noch das allseits bekannte ø, das wie ö gesprochen wird, sowie das æ, das dem deutschen ä entspricht. In den norwegischen Wörterbüchern und alphabetischen Registern rangieren å, ø und æ hinter dem z.

Aussprache der Konsonaten:

g	vor i und y wie j, sonst wie g
gj	wie j
k	vor i und j wie ch in ›ich‹
kj	ch wie in ›ich‹
s	scharfes s wie in ›nass‹
sj, skj	wie sch
sk	vor i und y wie sch
v	wie w
y	zwischen ü und i

Abkürzungen

NOK, kr.	Norw. Kronen
St.	Sankt
gt.	Straße
vn.	Weg

Allgemeines

ja/nein	ja/nei
Entschuldigung	unnskyld
Bitte/Danke	vær så snill/takk
Vielen Dank	tusen takk
Mann	mann
Frau	kvinne, kone (Ehefrau), fru (Anrede)
Kind	barn
Hallo	hei
Guten Morgen	god morgen
Guten Tag	god dag
Guten Abend	god aften
Gute Nacht	god natt
Gute Reise	god tur
Auf Wiedersehen	vi sees
Tschüs	ha det
geschlossen	stengt
geöffnet	åpen

Zeitbegriffe

Montag	mandag
Dienstag	tirsdag
Mittwoch	onsdag
Donnerstag	torsdag
Freitag	fredag
Samstag	lørdag
Sonntag	søndag
Morgen	morgen
Nachmittag	ettermiddag
Abend	kveld, aften
Nacht	natt
täglich	daglig
außer	uten
Werktag	hverdag
Feiertag	helligdag
Stunde	time
Tag	dag
Woche	uke

Unterwegs

Fahrplan	ruteplan
Abfahrt	avgang
Ankunft	ankomst
Fahrkarte	billett
Bus	buss
Straßenbahn	trikk
U-Bahn	t-bane
Zug	tog
Bahnhof	stasjon
Flugzeug	fly
Flughafen	flypass
Fähre	ferje

Hafen	havn
Auto	bil
Tankstelle	bensinstasjon
Fahrrad	sykkel
nach links	til venstre
nach rechts	til høyre
geradeaus	rett fram
Auskunft	informasjon
Telefonkarte	telefonkort
Handy	mobil
Briefmarke	frimerke

Im Krankheitsfall

Erste Hilfe	førstehjelp
Arzt	lege
Apotheke	apotek
Unfallstation	legevakt
Krankenhaus	sykehus
Zahnarzt	tannlege
Frauenarzt	gynekolog
Kinderarzt	barnelege

Zahlen (Ordnungszahlen bis 12)

1, 1.	en, første	20	tjue
2, 2.	to, andre	21	tjueen
3, 3.	tre, tredje	25	tjuefem
4, 4.	fire, fjerde	30	tretti
5, 5.	fem, femte	40	førti
6, 6.	seks, sjette	50	femti
7, 7.	sju, sjuende	60	seksti
8, 8.	åtte, åttende	70	sytti
9, 9.	ni, niende	80	åtti
10, 10.	ti, tiende	90	nitti
11, 11.	elleve, ellevte	100	hundre
12, 12.	tolv, tolvte	115	hundre-ogfemten
13	tretten	150	hundre-ogfemti
14	fjorten	200	tohundre
15	femten	1000	tusen
16	seksten	2000	totusen
17	sytten	10000	titusen
18	atten		
19	nitten		

Die wichtigsten Sätze

Allgemeines
Anrede: Zum Verhältnis des deutschen Sie zum norwegischen Du s. S. 13.

Ich verstehe nicht. Jeg forstår ikke.
Sprechen Sie Deutsch? Snakker De tysk?
Ich spreche kein Norwegisch. Jeg snakker ikke norsk.
Ich möchte gerne zahlen. Jeg vil gjerne betale.
Kann ich mit (dieser) (Kredit-)Karte bezahlen Kan jeg betale med (dette) (kredit)kort?

Auf der Straße
Wo kann ich parken? Hvor kan jeg parkere bilen?
Wo fährt der Bus/die (S-)Bahn ab? Hvor går bussen/(S-)toget fra?
Ich möchte in … aussteigen. Jeg vil gjerne gå av i …
Wie komme ich zu/nach …? Hvordan kommer jeg til …?
Wie spät ist es? Hva er klokken?
Es ist zwei (drei …) Uhr. Klokken er to (tre …).
halb/viertel vor/nach halv/kvart på/over
zehn Minuten vor/nach ti minutter på/over

Im Hotel
Haben Sie ein freies Zimmer? Har du et ledig rom?
Kann ich das Zimmer sehen? Kan jeg få se på rommet?
Übernachtung overnatting
Einzelzimmer enkeltrom
Doppelzimmer dobbeltrom
Dusche dusj
Toilette toalett
mit/ohne med/uten

Kulinarisches Lexikon

Allgemeines

Tagesgericht	dagens rett
Speisekarte	meny
Kindergericht	barnemeny
eine Flasche Rotwein	en flaske rødvin
ein Glas Weißwein	et glas hvitvin

Frokost (Frühstück)

appelsinjuice	Orangensaft
bløtkokt egg	weichgekochtes Ei
brød(skive)	Brot(scheibe)
eggerøre	Rührei
hardkokt egg	hartgekochtes Ei
honning	Honig
kaffe	Kaffee
med/uten	mit/ohne
sukker	Zucker
melk	Milch
pålegg	Aufschnitt
rundstykke	Brötchen
skinke	Schinken
smør	Butter
speilegg	Spiegelei
syltetøy	Marmelade
te	Tee

Supper (Suppen)

ertesuppe	Erbsensuppe
grønnsaksuppe	Gemüsesuppe
hønsebuljong	Hühnerbrühe
kjøttsuppe	Fleischbrühe

Fiskeretter (Fisch) og Skalldyr (Meeresfrüchte)

blekksprut	Tintenfisch
blåskjell	Miesmuschel
flyndre	Flunder
gravlaks	gebeizter Lachs
hellefisk	Heilbutt
hjerteskjell	Herzmuschel
hummer	Hummer
makrell	Makrele
piggvar	Steinbutt
reker	Garnelen
rødsprette	Scholle
sei	Seelachs
sild	Hering
stekt fisk	gebratener Fisch
steinbit	Steinbeißer
torsk	Dorsch
uer	Rotbarsch
ørret	Forelle
østers	Austern

Grønnsaker (Gemüse)

agurk	Gurke
bønner	Bohnen
erter	Erbse
gulrot	Mohrrübe
kål	Kohl
løk	Zwiebel
rødkål	Rotkohl

Kjøtt (Fleisch)

biff	Beefsteak
bryst	Brust
får	Hammel
kalve	Kalb
karbonade	Frikadelle
lapskaus	Eintopf, mit Rindfleisch
lam	Lamm
medisterpølse, stekt	Bratwurst
okse	Rind
pølse	Wurst
stek	Braten
svinekam, røkt	Kasseler
svinekjøtt	Schweinefleisch

Fjærfe/Vilt (Geflügel/Wild)

elg	Elch
kalkun	Pute
kylling	Hähnchen
rein	Ren
rype	Schneehuhn

Ost (Käse)

gammelost	alter, gereifter Käse
geitost	Ziegenkäse
gudbrandsdalsost	harter Molkenkäse
jarlsbergsost	wie Emmentaler
norvegiaost	wie Gouda
nøkkelost	Kümmelkäse

Dessert (Süßspeisen)

fløteis	Sahneeis
fruktsalat	Fruchtsalat
multekrem	Moltebeeren mit Schlagsahne

tilslørte bondepiker	Apfelmus mit Sahne auf Zwieback
trollkrem	Creme aus geschlagenen Preiselbeeren und Eiweiß

Frukt (Obst)

blåbær	Blaubeere
bringebær	Himbeere
eple	Apfel
jordbær	Erdbeere
kirsebær	Kirsche
pære	Birne
tyttebær	Preiselbeere

Drikke (Getränke)

saft	Saft
vann, vatn	Wasser
vin	Wein
øl	Bier

Spezialitäten

bacalao Klippfischspezialität aus Portugal (mit viel Knoblauch und Olivenöl), die in keinem norwegischen Fischrestaurant fehlt
brunost süßlicher Molkenkäse mit einem Geschmack nach Erdnussbutter und Karamell; beliebter Belag für vaffler (Waffeln)
fiskeboller Fischfrikadellen, beliebt als kleiner Happen für zwischendurch, mit Kartoffeln und Erbsgemüse eine billige Mahlzeit
fiskesuppe Fischsuppe aus Fischköpfen, Kochfisch und Meeresfrüchten, mit Thymian, Knoblauch und vor allem Safran gewürzt und traditionell am Freitag gegessen
fårikål Weißkraut mit Hammelfleisch, beliebt und stets günstig
kjøttkaker Hackbällchen (ähnlich Frikadellen) meist mit Erbspürree und dicker brauner Sauce serviert
lutefisk gewässerter und aufgequollener Stockfisch, beliebt als Weihnachtsessen; den meisten Touristen, die ihn kosten, verdreht er buchstäblich den Magen
mølje Eintopf von den Lofoten, mit *torskelever* (Dorschleber), *rogn* (Rogen) und Kochfisch (Dorsch), mit Essig abgeschmeckt
fenalår geräucherte Hammelkeule
pytt i panna Pfannengericht mit Fleisch oder Wurst, Kartoffeln, Zwiebeln und einem Spiegelei obendrauf
rakørret gesalzene und angegorene Forelle, die mehrere Monate in einer Salzlake gelegen haben muss
rømmegrøt Sauerrahm-Grütze aus *rømme* (saurer Sahne) plus Gries, mit Zucker und Zimt und (reichlich) Butter gewürzt, stets sehr fettig
spekemat gepökeltes Dörrfleisch, das meist mit *flatbrød* (trockenes Fladenbrot), *rømme* (saure Sahne) und Rührei gereicht wird
torsketunger Dorschzungen, meist gebraten oder gekocht, serviert mit saurer Sahne

Im Restaurant

Ich möchte einen Tisch für … Personen reservieren. Jeg vil gerne reservere et bord til … personer.
Ist hier besetzt? Er det opptatt?
Herr Ober! Kelner!
Fräulein! Frøken!
Was wünsch(s)t du/ihr? Hva ønsker du/dere?
Ich möchte gerne … Jeg vil gjerne ha …
Bitte die Speisekarte! Menyen, takk!
Ich bin allergisch gegen … Jeg er allergisk mot …
Ich bin Vegetarier. Jeg er vegetar.
Guten Appetit! Velbekomme!
Prost! Skål!
Noch etwas? Litt mer?
Nein danke, nicht mehr. Nei takk, ikke mer.
Kann ich die Rechnung bekommen? Kann jeg få regningen?
Behalten Sie den Rest. Behold resten.
Danke für das Essen! Takk for maten! (sagt man nach dem Essen)

Register

Im norwegischen Alphabet stehen Å, Ø und Æ ganz am Schluss, hinter Z.

Unterwegs mit Michael Möbius und Annette Ster

Michael Möbius und Annette Ster arbeiten als freie Reisejournalisten, denn Reisen und Schreiben sind ihre großen Leidenschaften. In den letzten 30 Jahren haben sie Dutzende Länder auf allen Kontinenten kennen gelernt. Doch selbst als ›manisch Reisende‹ brauchen sie einen Rast- und Ruhepunkt, den sie Anfang der 1990er-Jahre auf den Lofoten fanden. Wenn ihnen dort oben vor lauter Einsamkeit der Himmel auf den Kopf fällt, dann hilft als Therapie nur Oslo, in ihren Augen die schonste, weil grünste Metropole Europas.

Abbildungsnachweis

Bildagentur Huber, Garmisch-Partenkirchen: 65, 86, 89 (Gräfenhain), 32, 42, 69, 70, 75, 98, 101 (Mezzanotte)
Bilderberg, Hamburg: 36 (Modrak)
DuMont Bildarchiv, Ostfildern: Umschlagklappe vorn, 4/5, 8, 11, 31, 41, 72 o., 90, 94 (Nowak)
Innovation Norway, Oslo: 56 (Bundt)
laif, Köln: 62 (Boisvieux/eyedea), 37 (Coureau/eyedea), 84/85 (Dreysse), 26/27, 44, (Galli), 46 (Hemispheres), 72 u., 92 (Heuer), Titelbild (Franssen/Holland Hoogte), Umschlagrückseite, 50, 97 (Kreuels), 7, 15, 34, 53, 63, 109, 110 (Modrow), 80, 81 (Rabouan/hemis.fr), 49 (Rieger/hemis.fr), 54, 60 (Siemers)
look, München: 29 (Greune)
Mauritius, Mittenwald: 39 (Cultura), 66 (Hart), 78 (World Pictures)
Medvind Production/DogA, Oslo: 58
M. Möbius/A. Ster, Kabelvåg: 120
Transit, Leipzig: 104, 107 (Härtrich)

Kartografie

DuMont Reisekartografie, Fürstenfeldbruck, © DuMont Reiseverlag, Ostfildern

Umschlagfotos

Titelbild: Terrasse an der Flaniermeile Aker Brygge
Umschlagklappe vorn: Stabkirche von Gol im Norsk Folkemuseum, Bygdøy

Hinweis: Autorin und Autor sowie Verlag haben alle Informationen mit größtmöglicher Sorgfalt geprüft. Gleichwohl sind Fehler nicht vollständig auszuschließen. Alle Angaben erfolgen ohne Gewähr. Bitte schreiben Sie uns! Über Ihre Rückmeldung zum Buch und Verbesserungsvorschläge freuen sich Autoren und Verlag:
DuMont Reiseverlag, Postfach 3151, 73751 Ostfildern,
info@dumontreise.de, www.dumontreise.de

1. Auflage 2011

Redaktion/Lektorat: Petra Juling
Grafisches Konzept: Groschwitz/Blachnierek, Hamburg
Printed in Germany